SEMERKAND
İstanbul 2010

SEMERKAND : 146
Asrı Saadet Dizisi: 9
yayin@semerkand.com
ISBN : 978-605-4214-73-0

Hazırlayan : Ahmed Temâm-Semîr Halebî
Tercüme : Hüseyin Okur
Muhammed Hakan Öner
Resimleyen : Ahmed Rıza Kâmil
Tashih : Eyyüp Beyhan-Nazan Bülbül
Tasarım : Songül Eryiğit
Baskı : Sistem Matbaacılık
Sistem Matbaacılık
Davutpaşa Cad.
Yılanlı Ayazma Sk. No: 8
Davutpaşa/İstanbul
Tel: 0212.482 11 01
(yaygın dağıtım)

Eylül 2010, İstanbul
1. Baskı

© *Bu eserin tüm yayın hakları
Semerkand Basım Yayın Dağıtım A.Ş.'ye aittir.*

GENEL DAĞITIM

TÜRKİYE: Eyüpsultan Mh. Esma Sk. No: 7/A Samandıra-Sancaktepe-İstanbul
Tel: 0216 564 26 26 **Faks:** 0216 564 26 36 www.semerkandpazarlama.com
AVRUPA: Kaiser-Wilhelm-Str. 230 47169 Duisburg **Tel:** 0049 0203-317 43 24
Faks: 0049 0203-317 43 25 www.semerkandpazarlama.de

Cennetle Müjdelenen
HANIMLAR

Ahmed Temâm & Semîr Halebî

Hz. Meryem, *Hz.* Fatıma, *Hz.* Asiye
Hz. Sümeyye, *Hz.* Rümeysa, *Hz.* Ümmü Haram

[Allah onlardan razı olsun]

Tercüme
Hüseyin Okur

SEMERKAND

İÇİNDEKİLER

ÖNSÖZ 7
Hz. Meryem 9
Hz. Fâtıma 39
Hz. Asiye 67
Hz. Sümeyye 95
Hz. Rümeysa 121
Hz. Ümmü Haram (Hala Sultan) 151

ÖNSÖZ

Yüce Allah Kitab'ında insanları ve cinleri kendisine ibadet etmekle ve kulluk görevlerini yerine getirmekle görevlendirdiğini, bu maksatla dünyaya gönderdiğini bildirmektedir. Kur'an-ı Kerîm'de, *"Hanginizin daha güzel iş ortaya koyacağını denemek için, ölümü ve hayatı yaratan O'dur"* (Mülk 67/2) buyurarak hayat ile ölüm arasındaki zaman dilimi içerisinde hangi kulların daha güzel amel işleyeceğini imtihan etmek üzere insanın yaratıldığını belirtilmektedir. Şüphesiz peygamberler bu görevi en güzel şekilde icra eden rehberlerdir. Onlardan sonra da peygamberlerin varisi olan salih zatlar gelir. Bu manayı ifade etmek üzere Peygamber Efendimiz, "Alimler (ilmiyle amel eden salihler) peygamberlerin varisidir" buyurmuştur. Yüce rabbimiz Hucurât suresinin 13. âyetinde şöyle buyurmaktadır: *"Ey insanlar! Doğrusu biz sizi bir erkekle bir dişiden yarattık... Muhakkak ki Allah yanında en değerli olanınız, O'ndan en çok korkanınızdır. Şüphesiz Allah bilendir, her şeyden haberdardır."*

Evet, Allah Teâlâ insanı bir dişi ve bir erkek olarak yaratmış, onlardan en hayırlı olanın Allah'a karşı en takva sahibi kişi olduğunu bildirmiştir. Tarih sayfalarını karıştırdığımız zaman görürüz ki, yaşadıkları asırlardan yüzlerce hatta binlerce yıl sonrasına ışık tutan, takva sahibi, cennetle müjdelenmiş pek çok saliha hanım yaşamıştır. Hz. Meryem, Hz. Âsiye, Hz. Fatıma, Hz. Sümeyye sadece bunlardan bir kaçı… Onlar hayatlarıyla birer iman abidesi haline gelmiş, peygamberlerin yolunu takip ederek cennetle müjdelenmiş hanımlar olarak hepimiz için örnek olmuştur. Biz de bu çalışmada, bu mübarek hanımlarından hayatların bir nebze bahsederek kıymetli okuyucularımızın istifadesine sunmaya çalıştık.

Hüseyin OKUR

Hz. Meryem

Fâkud'un kızı Hanne Hanım, hafif hafif esen rüzgârla, yaprakları bir o yana bir bu yana sallanan ağacın gölgesi altında durdu. Dallarından birinde, henüz uçmaya gücü yetmeyen küçük bir serçe yavrusu yatmış, annesi ise ona bir şeyler yedirmeye çalışıyordu.

Serçe ötünce Hanne o yana baktı. Hanne, küçük serçenin yaptıklarını dikkatle seyretmeye başladı.

Bu işte bir gariplik yoktu... Bir serçe, her zaman yaptığı gibi yavrusunu doyuruyordu.

Fakat bu durum Hanne Hanım için karışık manalar ifade ediyordu. Nitekim yaşlanmış olmasına, doğuramayacak bir yaşa gelmesine rağmen hâlâ bir evladı olmamıştı. Hanne'nin eşi İmrân, salih bir adamdı ve Beytülmakdis Mescidi'nin ileri gelenlerindendi. O da bir evlat istiyordu. Erkek bir evlat...

Yavrusunu doyurmaya çalışan bu serçe manzarası, kalbinde büyük tesir bırakmıştı.

Sinesinde saklı bir rüyayı hatırlatmıştı bu sahne... Bir türlü unutamıyordu gördüklerini. Geçen bunca yıla rağmen bir rüyaya umut bağlamayı sürdüren Hanne, hâlâ bir beklenti içindeydi.

Sadık, samimî bir kalple Allah'a [celle celâluhû] yönelerek, yalvardı: "Ey Allahım! Eğer, bana, bir erkek çocuk ihsan edersen, Beytülmakdis'e vakfetmek ve hizmetinde bulundurmak üzerime borç olsun" dedi.

Allah [celle celâluhû] onun duasını kabul etmişti... Nihayet karnında bir şeyin hareket ettiğini hissetmeye başladığında sevincinden ne yapacağını şaşırmıştı. Kocası ise Hanne'nin karnında bir yavrunun varlığını hissedene kadar onun hamileliğine inanmamıştı.

Eşinin gerçekten hamile olduğunu anladığında, senelerdir özlem ve hasretle beklediği bu nimetin gelişi üzerine, Mescid'e giderek dua etti, namaz kıldı ve şükretti.

Ne var ki, daha yavrusunun sesini duymadan, kollarına almadan Allah [celle celâluhû] İmrân'ın ölümünü takdir etmişti. Hanne doğum yapmadan önce, eşi vefat etti...

Artık doğum vakti gelmişti... Hanne binti Fâkud, yavrusunu dünyaya getirdi. Fakat umduğu gibi olmamıştı; bebek bir kızdı. Hanne, Allah'ın evi Beytülmakdis'te hizmet etmesi için bir erkek olmasını arzuluyordu. Rabbine yalvardı, dua etti:

"Rabbim! Ben onu kız doğurdum. Oysa erkek, kız gibi değildir. Ona Meryem adını verdim. Kovulmuş şeytana karşı onu ve soyunu senin korumanı diliyorum" dedi (Âl-i İmrân 3/36).

Hanne sözünü tuttu; adağını yerine getirmek için yavrusu Meryem'i [radıyallahu anhâ] bir kundağa sararak Mescid-i Aksâ'ya götürdü. Harun'un [aleyhisselâm] oğullarından olan ve o dönemde, Beytülmakdis Mescidi'nde hizmet vermekle ve burayı idare etmekle görevli rahiplere verdi. Onlara,

- Bu benim kızım! Onu, Mescid'in hizmetine adamıştım, dedi.

Bu küçük kız çocuğunu gören bütün rahiplerin kalpleri birden bire ona meyletmişti. Âdeta sevgi pınarları bebeğe doğru akmaya başladı. Her biri, Meryem'e bakmak, onun terbiyesiyle uğraşma şerefine nail olabilmek arzusuyla birbiriyle yarış ediyorlardı.

Hz. Meryem'in babası, gerek takva gerekse doğruluk bakımından din bilginlerinin en hayırlılarındandı...

Sesler giderek yükselmeye başlamıştı, neredeyse aralarında tartışma yaşanacaktı.

Orada bulunan Hz. Zekeriya [aleyhisselâm],

- Ben, ona bakmaya, sizden daha layığım. Çünkü teyzesi, benim eşimdir, dedi.

Allah'ın Peygamber'i Hz. Zekeriya [aleyhisselâm], Meryem'in annesi olan Hanne'nin kız kardeşi İyşâ binti Fâkud ile evliydi.

Rahipler, Hz. Zekeriya'ya [aleyhisselâm],

- Böyle yapma! Eğer o, kendisine halkın en yakın ve en layık olanına bırakılacaksa, doğuran annesine bırakılması gerekir. Fakat biz, onun hakkında kura çekelim. Kurada kim çıkarsa o, onun yanında kalsın, yetiştirilmesiyle o ilgilensin, dediler.

Hz. Zekeriya [aleyhisselâm] onların bu tekliflerini uygun buldu. Bu kurayı çekmek üzere Mescid'de bulunan yirmi dokuz kadar rahip, hep birlikte Erihâ yakınlarındaki Ürdün Nehri'nin kıyısına gittiler.

Herkes ellerindeki, Tevrat ve İncil yazarken kullandıkları kalemleri nehre atacaktı. Kimin kalemi suyun yüzeyinde yüzüp giderse, o kimse Meryem'in yetiştirilmesi hususunda bir söz sahibi olamayacak ve bu davadan geri çekilecekti. Kimin de kalemi suyun yüzeyinde hiçbir yere hareket etmeksizin öylece durur beklerse, onun, kendisine ilâhî yardımın verildiği kimse olduğu anlaşılacak; Meryem'in yetiştirilmesiyle ilgilenecekti.

Bütün rahipler böyle bir kurayı uygun görmüşlerdi...

Hepsi aceleyle kalemlerini suya bıraktılar. Hz. Zekeriya'nın [aleyhisselâm] kalemi hariç, diğer kalemler suyun akışına kapılıp gözden kayboldu. Onun kalemi ise yerinden bile kımıldamamıştı.

Böylelikle Hz. Meryem'in bakımı ve yetiştirilmesi kendisine verildi.

Hz. Zekeriya [aleyhisselâm], bu bebeğe şefkat ve merhamet kanatlarını açmıştı. Büyüyünceye kadar ona bir sütanne tuttu. Kendi hanımı da bizzat onun bakımını üstlendi.

Bu küçük yavru, bu şerefli mekânda büyümüş ve yetişkin bir çiçeğin yemyeşil dallarını etrafına salması gibi o da büyüyüp serpilmiş; ergenlik çağına gelmişti.

Çok güzel bir ahlâk sahibi olarak yetişmişti. Ruhu, Hz. Zekeriya'nın [aleyhisselâm] koruması altında olgunlaşmıştı. Yaşı ilerledikçe daha da güzelleşmişti. İman ve yakîn nurlarıyla bezenmiş, tecrübe ve hikmet pınarlarıyla olgunlaşmıştı. Kendi yaşıtlarından oldukça farklıydı. Vaktini boş ve anlamsız şeylere harcamıyordu.

Halinde bir başkalık vardı! Sanki Allah [celle celâluhû] onu büyük bir şey için hazırlıyordu...

Hz. Meryem [radıyallahu anhâ] bulûğ çağına erip genç bir kız olana kadar teyzesinin kocası Hz. Zekeriya'nın [aleyhisselâm] terbiyesinde ve eğitiminde yetişti.

Daha sonra Hz. Zekeriyya [aleyhisselâm] onu Beytülmakdis'e yerleştirdi. Burada onun için yalnız kalabileceği, ibadet ve tefekkür edebileceği bir oda yaptırdı. Böylelikle Hz. Meryem'in annesinin adağını da yerine getirmiş oldu.

Bu odaya Hz. Zekeriya'dan [aleyhisselâm] başkası giremezdi. Hz. Meryem [radıyallahu anhâ], Beytülmakdis'te üzerine düşen bütün görevleri ve diğer hizmetleri yapardı. İşlerini bitirdiği zaman odasına çekilir huşu içerisinde dua eder, namaz kılar ve Rabbine yalvarırdı.

Yalnız kaldığı zamanlar, Allah Teâlâ'nın huzurunda olduğunu hissetmeyi ne kadar da çok arzuluyordu. Her saat hatta her an Allah Teâlâ'ya yalvarıyor; O'na sesleniyor ve her vesileyle O'na yaklaşmayı arzuluyordu. Onun Rabbine yakarışlarının her anı, kalbine mutluluk ve engin muhabbet nakşediyordu. Kıldığı namazlar, yaptığı dualarla nail olduğu ilâhî rahmet günden güne artıyordu. Her yalvarış ve yakarışından sonra Rabbine olan aşkı ve şevki daha da artıyor ve tekrar O'na yöneliyordu. Sabahlara kadar sürüyordu bu durum... Artık vaktinin çoğunu Rabbine ibadet etmekle; namaz kılmak ve dua etmekle geçiriyordu.

Onun bu hâli, İsrailoğulları arasında herkesçe bilinir olmuştu. Takvası, ihlâsı, doğruluğu insanlar arasında örnek teşkil ediyordu. İnsanların çoğu kendi kızlarının da Hz. Meryem [radıyallahu anhâ] gibi yetişip terbiye almasını istiyordu.

Hz. Meryem'in [radıyallahu anhâ] kendi başına kaldığı günlerde, Hz. Zekeriyya [aleyhisselâm] odasına kadar yemeğini getirirdi. Artık bir zaman sonra odasına her girişinde tuhaf şeylere şahit olmaya başladı: Hz. Meryem'in [radıyallahu anhâ] yanında, yaz mevsimi olmasına rağmen kış meyvelerini, kışın ise yaz meyvelerini görüyordu. Bu durum, onu çok şaşırtıyordu. Çünkü meyveleri kendisi getirmiyordu, ayrıca onun odasına kendisinden başkası da girmiyordu. O halde bu meyveleri kim getiriyordu?

Günün birinde Meryem'e,

"Ey Meryem! Bunlar sana nereden geldi?" diye sordu. Hz. Meryem,

"Bu, Allah'ın katındandır, cevabını vererek, *doğrusu Allah dilediğini hesapsız rızıklandırır"* dedi [Âl-i İmrân 3/37].

Hz. Zekeriya [aleyhisselâm], Hz. Meryem'den [radıyallahu anhâ] bu sözleri işitince onun Allah'a tevekkülüne hayreti kat kat arttı. İçindeki babalık duygusu hareketlenmeye başladı. O da aynı Hz. Meryem gibi salih bir evlâda sahip olmak istiyordu. Fakat bu nasıl olacaktı ki…

Kendisinin yaşı çok ilerlemiş, aynı şekilde hanımı da çocuk doğuramayacak bir yaşa gelmişti.

Rabbine yöneldi, sadık ve samimi bir şekilde dua ederek,

"Rabbim! Bana tarafından hayırlı bir nesil bağışla. Şüphesiz sen duayı hakkıyla işitensin" dedi (Âl-i İmrân 3/38).

Allah [celle celâluhû] onun duasını kabul etmişti. Bir melek onun bu yakarışının müjdesini hemen getirdi. O sırada Hz. Zekeriya [aleyhisselâm] mabedde; mihrabda namaz kılıyordu.

"Allah sana Allah'ın emriyle (vücud bulan İsa'yı) tasdik eden, efendi, iffetli, iyilerden bir peygamber olarak Yahya'yı müjdeler" dedi (Âl-i İmrân 3/39).

Hz. Meryem [radıyallahu anhâ] odasına girip ibadetle meşgul olmaya başladığında melekler bazı müjdelerle yanına geliyordu. İbadetlerindeki ihlâsını, dünyadan ve onun türlü ziynetlerinden el etek çekerek sadık, samimi bir kalple kendisini namaza ve duaya adamasını seyrediyorlar ve,

"Ey Meryem! Allah seni seçti; seni tertemiz yarattı ve seni bütün dünya kadınlarına tercih etti. Ey Meryem! Rabbine ibadet et; secdeye kapan, (O'nun huzurunda) eğilenlerle beraber sen de eğil" diyorlardı (Âl-i İmrân 3/42-43).

Hz. Meryem [radıyallahu anhâ], Allah Teâlâ'nın kendisini dünya kadınlarının üstünlerinden yaratmış olmasının hakkını verebilmek istiyor, ibadetlerini ve zikrini artırıyordu.

Meryem'in tertemiz olarak yaratılışı ve seçilmişliği büyük bir hadisenin hazırlığı içindi... Dünyayı ve insanları hayrete düşürecek bir hadise...

Bir gün Hz. Meryem [radıyallahu anhâ], namaz kıldığı odadan dışarı çıkıp Beytülmakdis'in doğu tarafına doğru yürümeye başladı. Yürümeye devam ederken birden Cebrail [aleyhisselâm] güzel yüzlü, genç bir adam suretinde önüne çıktı.

Hz. Meryem [radıyallahu anhâ], aniden karşısında bir erkeği görünce korkmaya ve bütün bedeni titremeye başladı. Onun kötü biri olduğunu zannediyor ve kendisine bir kötülük yapacağından korkuyordu. Hemen yolunu değiştirdi. Korku, kalbini büsbütün sarmıştı. Ondan gelecek her türlü zarara karşı Allah'a sığınıyordu.

Melek, Hz. Meryem'in korkup telaşlandığını görünce, sakinleşmesi için hemen söze girdi ve,

- Ben sadece Rabbinin sana gönderdiği bir elçiyim! Rabbin sana, günahlardan arınmış, temiz ve pak bir evlât verecek, dedi.

Hz. Meryem [radıyallahu anhâ], bu kişinin söylediklerini hoş bulmamıştı ancak onun konuşması kendisini çok şaşırtmıştı:

"Bana bir insan eli değmediği, iffetsiz de olmadığım halde benim nasıl çocuğum olabilir" diye sordu.

Melek,

"Bu böyledir, çünkü Rabbin, 'Bu bana kolaydır, onu insanlar için bir mucize ve katımızdan da bir rahmet kılacağız; hem bu önceden kararlaştırılmış bir iştir diyor" dedi (Meryem 19/20-21).

Ardından melek oradan ayrıldı. Derken Hz. Meryem [radıyallahu anhâ], meleğin bildirdiği gibi hamile kaldı. Gün geçtikçe hamileliğin belirtilerini hissediyor ve bunu bedeninde görüyordu.

Mabede, Hz. Meryem'den [radıyallahu anhâ] başka Mescid'in hizmetini gören ve gayet dindar biri olan, amcasının oğlu Yusuf Neccâr da vardı. Yûsuf, Hz. Meryem'in hamileliğini fark etmişti. Bu durum çok ağır ve aşırı bir kötülük sayıldığından ne yapacağını bilemiyor; gördüklerine inanmak istemiyordu. Çünkü Hz. Meryem'i

iffeti, ihlâsı, ibadetlere ve zikre olan bağlılığıyla tanıyordu. Buna rağmen bir türlü kalbini susturamıyordu. Bir gün, gayet lütufkâr bir halde yanına geldi:

- Ortada bir mesele var ve beni daima meşgul ediyor. Sana onun hakkında bazı sorular sormak istiyorum, dedi.

Hz. Meryem [radıyallahu anhâ], Yusuf'un zihninde nelerin döndüğünü anlamıştı. Utandı, başını öne eğdi ve,

- Neymiş o mesele, diye sordu. Yusuf,

- Bana söyle; tohumsuz ekin biter mi? Yahut ağaç tohumsuz çıkar mı, diye sordu.

Ardından bütün cesaretini toplayarak,

- Hiç babasız çocuk olur mu, dedi.

Hz. Meryem [radıyallahu anhâ] büyük bir suskunluğa büründü. Utancından yüzü kıpkırmızı olmuştu. Sonra kendisini sıktı, bütün kuvvetini toplayarak,

- Allah [celle celâluhû] ağacı ve ekini ilk yarattığı zaman hiçbir tohum ve ekin olmadan yaratmıştı. Aynı şekilde Âdem'i de annesi ve babası olmadan yaratmıştı, dedi.

Hz. Meryem'in [radıyallahu anhâ] sözleri Yusuf'un kalbine bir serinlik ve selâmet vermişti. Hz. Meryem'de olan bu hâlin, Allah Teâlâ'nın katından gelen bir sır olduğunu ve bunun da pek yakında açığa kavuşacağını anlamıştı.

Zihnindeki bütün şüphelerden sıyrılmış olarak hemen ibadetlerine ve işlerinin başına döndü. Ayrıca Hz. Meryem'in doğumu yaklaştığından, mabedde onun yapacağı işleri de kendisi yapmaya başladı.

Hz. Meryem'in hamile olduğu İsrailoğulları arasında da yayılmıştı. Elbette, hamileliğini gizlemesi mümkün değildi...

Allah'ın kendisini tertemiz kıldığı Hz. Meryem [radıyallahu anhâ] hakkında, insanların ağzında, onu rencide edecek çirkin sözler dolaşmaya başladı.

Hz. Meryem, ağırlaşıp doğum yapma zamanı yaklaşınca, yavrusuna bir zarar verirler düşüncesiyle mabedden ayrıldı. Kimsenin kendisini göremeyeceği, bulamayacağı uzak bir yere gitti. Burada kendisine bir yer hazırladı.

Nihayet doğum sancıları başladı. Doğumu daha rahat gerçekleştirebilmek için yakınındaki bir hurma ağacının dibine çekildi. O böyle doğum sancıları çekerken insanların kendisine iftira edeceği korkusunun üzüntüsünden olacak ki,

"Keşke ben bundan önce ölmüş olsaydım da unutulup gitseydim" diyordu (Meryem 19/23).

Fakat Allah Teâlâ, onun babasız bir çocuk dünyaya getirmesinden dolayı hissetmiş olduğu hüznü ve kederi, kendisinden çekip aldı. Doğumdan sonraki güçsüzlüğüne,

yorgunluğuna teselli olarak Cibrîl-i Emîn ona gelip şöyle seslendi:

"Tasalanma! Rabbin senin alt yanında bir su arkı vücuda getirmiştir. Hurma dalını kendine doğru silkele ki, üzerine taze, olgun hurma dökülsün. Ye, iç. Gözün aydın olsun! Eğer insanlardan birini görürsen de ki: Ben, çok merhametli olan Allah'a oruç adadım; artık bugün hiçbir insanla konuşmayacağım" (Meryem 19/24-26).

Hz. Meryem [radıyallahu anhâ], bu seslenişe icabet ederek hurmalardan yedi ve hemen yanı başında akmaya başlayan sudan içti.

Yavrusu Hz. İsa'yı dünyaya getirdiği için çok mutluydu. İçine bir ferahlık düşmüştü. Kimseyle konuşmamaya karar verdi; suskunluk orucu tutuyordu.

Hz. Meryem, nifas halinden temizlenene ve eski sıhhatine kavuşana kadar tam kırk gün akrabalarından ayrı durdu.

Nihayet Hz. Meryem [radıyallahu anhâ] kırk günün sonunda bebeğini kucağına alıp yakınlarının yanına geldi. Onların kendisi hakkında ne düşündüklerinin farkında bile değildi. Fakat onlarla konuşmamaya niyetliydi.

Akrabalarının karşısına çıkınca, bazıları gördüklerinden ötürü ağlamaya başladı. Onun akrabaları gerçekten de salih insanlardı. Hz. Meryem'in kendilerine, babası olmayan bir çocuk getirebileceğini hatırlarına dahi getiremiyorlardı. Çünkü Hz. Meryem [radıyallahu anhâ], ibadetlerine düşkün saliha bir kadındı ve salih bir babanın, hem de Mabed'de yıllarca görev yapmış birinin kızıydı. Annesi ise soyu Peygamber Harun'a [aleyhisselâm] uzanan temiz bir kadındı.

Başlarına gelen hadise, onlar için gerçekten çok ciddi idi. Hissettikleri acı kalplerini daraltıyordu. Hz. Meryem'e [radıyallahu anhâ],

"(Ey Meryem)! Baban kötü bir insan değildi. Annen de iffetsiz bir kadın değildi!" dediler (Meryem 19/28).

Hz. Meryem [radıyallahu anhâ], akrabalarının bu sözlerinin hiç birine cevap vermediği gibi, bu sözleri üzerine de alınmadı. Sadece onlara, cevaplarını almaları için kucağındaki çocuğu işaret etti. Meryem böyle yapınca oradaki herkes şaşırdı, hatta kalkıp:

"Biz beşikteki bir çocukla nasıl konuşabiliriz" diye sordular (Meryem 19/29).

Fakat bir mucize gerçekleşmişti. Daha süt emen bebek, onları dehşete düşürecek etkileyici bir dille konuşmaya başladı:

"Ben, Allah'ın kuluyum. O, bana Kitab'ı verdi ve beni peygamber yaptı. Nerede olursam olayım, O beni mübarek kıldı; yaşadığım sürece bana namazı ve zekâtı emretti. Beni anneme saygılı kıldı; beni bedbaht bir zorba yapmadı. Doğduğum gün, öleceğim gün ve diri olarak kabirden kaldırılacağım gün esenlik banadır" (Meryem 19/30-33).

Orada bulunan herkesin, bir bebeğin konuşmasıyla korku ve hayretten sesleri kesilmişti. Sanki başlarının üzerine bir kuş konmuş da kaçmaması için bekler gibi hareketsiz kalmışlardı. İşittiklerinden ve şahit oldukları şeyden dehşete kapılmışlardı. Neredeyse akıllarını yitireceklerdi.

Bu, aklın kabul etmeyeceği bir şeydi... Fakat herkesin gözünün önünde cereyan etmiş ve herkes onun söylediklerini işitmişti...

Önlerinde olan bitenin, Allah Teâlâ'nın küçük bir çocuğun dilinde meydana getirdiği büyük bir mucize olduğunu anlamışlardı. Bu çocuk, ileride kavminin arasında büyük bir şana sahip olacak, kendisine peygamberlik ve kitap verilecek; insanları hidayete davet edecekti.

Henüz süt emmekte olan Hz. İsa'nın konuştuğuna dair haberler, bütün İsrailoğulları'nın arasında yayıldı. Zaten İsrailoğulları'nın bilginleri doğacak yeni bir peygamberin müjdesini bekliyorlardı.

Bu haberi Rumların hükümdarlarından Hirodes de duymuştu; Kudüs civarlarından bir kişi Rum diyarına giderek bu hadiseyi ona anlattı. Hirodes anlatılanları dinlerken içki sofrasında oturuyordu. Hikâye hoşuna gitti ve alaylı alaylı gülerek,

- Bakire bir kadın, kocası olmadan bir bebek dünyaya getirmiş! Ve o bebek, daha beşikteyken konuşuyor öyle mi! Bunlar gerçekten çok garip şeyler, dedi. Sonra etrafındakilere dönerek,

- Bu hikâyeye inanmıyorum. Olsa olsa bazı sıradan insanların hayal ürünü olan şeyler, dedi.

Fakat oradakilerden biri ona,

- Efendim! Bu anlatılanlar doğru! Çünkü onlarca kişi buna şahit olmuş, dedi. Hirodes,

- O halde bana o ikisini getirin de bu hikâyenin doğruluğunu kendi gözlerimle göreyim, dedi.

Yusuf Neccâr, Rum hükümdarının niyetini anlamıştı.

Hemen, aceleyle Hz. Meryem'in [radıyallahu anhâ] yanına gitti. Onu Rum hükümdarının kendisini yakalatacağı hususunda uyarmalıydı. Bu adam din ve hürmet gözetmeyen, ahlâksızın biriydi. Korkak bazı yahudileri de etkisi ve gücü altına almıştı.

Hz. Meryem'i [radıyallahu anhâ], 'şayet teslim olur da onun eline düşerseniz ne sen ne de oğlun elinden kurtulamaz, akıbetiniz ölüm olur', diyerek uyardı.

Hz. Meryem,

- O halde ne yapalım, diye sordu.

Yusuf Neccâr,

- Bu gece buradan ayrılmak üzere hazırlıklarını tamamla. Zalim hükümdardan ve onun yandaşlarından uzak bir yere, Mısır'a kadar sana yolculukta eşlik edeceğim, dedi.

Hz. Meryem [radıyallahu anhâ], yanında küçük yavrusuyla birlikte, katır üzerinde uzun bir yolculuğa çıktı. Yusuf Neccâr da yol boyunca onlara kılavuzluk ediyordu. Hz. Meryem yolda ilerlerken hem kendisi hem de yavrusu için keten elbise örüyor; bir yandan da başaklar toplayıp öğüterek yiyecek bir şeyler hazırlamaya çalışıyordu. Bu meşakkatli yolculuk sırasında türlü zahmetlere katlandı.

Hz. Meryem [radıyallahu anhâ] Mısır'a vardığında, şehrin büyüklerinden hayırsever, insanlara yardımcı olan, şefkatli, evinin kapılarını bütün fakir ve yoksullara açan bir adamın hanına gitti.

Hz. Meryem ve bebeği, bu evin sahibinden büyük yardımlar gördüler. Mısır'da yalnızdırlar ve oraya yabancıydılar. Adam, Hz. Meryem'in takvasını, temizliğini, iffetini, namaz ve zikre olan devamlılığını takdir etmişti.

Hz. Meryem'de [radıyallahu anhâ] gördükleri kendisinin daha da uyanmasına vesile olmuştu. Zira o, evinde misafir olan diğer kimselere benzemiyordu.

Hz. Meryem, bu adamın korumasında refah ve güven bulmuştu. Hz. İsa ise büyümüş, eli yüzü düzgün, sağlığı sıhhati yerinde, zekâsıyla ve emsallerine karşı üstünlüğüyle fark edilen bir genç olmuştu. Zaman zaman onda olağanüstü, garip haller de görülüyordu.

Bir gün Hz. İsa, annesinin üzgün olduğunu gördü. Bunun sebebini sorunca annesi Hz. Meryem [radıyallahu anhâ],

- Evin sahibinin bazı malları çalınmış, bu beni üzdü, dedi.

Hz. İsa,

- Ey anneciğim! Çalınan malını ona göstermemi ister misin, diye sordu. Hz. Meryem,

- Evet! İsterim ey oğulcuğum! Ama nasıl olacak ki, dedi.

Hz. İsâ,

- Sen benim için ev sahibine burada barınan bütün yoksulları bir araya toplamasını söyle, dedi.

Ev sahibi, yanında kalan bütün fakir ve yoksulları bir araya topladı. Aralarında iki kişi vardı ki bunların biri kör, diğeri de kötürümdü.

Hz. İsa kör adama,

- Şu kötürümü sırtına alıp onu havaya kaldır, dedi. Kör adam,

- Ben zayıf, güçsüz biriyim, onu taşımaya gücüm yetmez, dedi. Hz. İsa,

- Onu omuzlarına alarak kaldır; aynen dün yaptığınız gibi... Siz ikiniz, dün evin damındaki sandıktan bu adamın malını böyle çaldınız, dedi.

O ikisi birden heyecanlandılar, titremeye başladılar. Bu işe karıştıkları anlaşılmıştı. Hâlbuki onlar, dün bu işi yaparlarken evde kimseler yoktu... Bunu Hz. İsa'ya ve bu yolla yaptıklarını ona kim haber vermiş olabilirdi ki?

Bu, gerçekten hayret verici, garip bir hadiseydi. Hırsızlar işledikleri suçu itiraf etmekten başka çare bulamadılar. Kendilerine bakan, yediren içiren ev sahibinden bağışlanmalarını istediler.

Ev sahibi ise olan bitene şaşıp kalmıştı. Gördükleri Peygamber mucizesine çok yakın şeylerdi.

Bu saliha kadın kimdi?

Onun çocuğu kimdi?

Onların hikâyesi neydi?

Ev sahibi memnun ve müteşekkir bir halde Hz. Meryem'in [radıyallahu anhâ] yanına gelerek,

- Bu malın yarısını sen al! Bazı ihtiyaçlarını görmende sana yardımcı olur, dedi.

Hz. Meryem,

- Ben bunun için yaratılmadım, buyurdu.

Ev sahibi,

- Bunu al, sen kullanmasan da şu mübarek oğluna verirsin, dedi.

Hz. Meryem,

- O, hâl ve şan yönünden benden daha büyüktür, diye karşılık verdi.

Ev sahibi, Hz. Meryem'in ve oğlu Hz. İsa'nın yüksek bir hâle sahip olduklarını anlamıştı. Onlardan gördüğü iyilik, doğruluk ve tok gözlülük karşısında elinden gelen bütün ikramları yapmaya çalışıyor, yanında kalmaları için bütün gayretini gösteriyordu.

Bir gün ev sahibi, oğlunun düğünü için büyük bir ziyafet tertip etti. Ziyafet gerçekten çok büyüktü. Pek çok kişiyi düğüne davet etmişti. Bunun için de en güzel yemekler, en nefis içecekler ve en iyi hazırlıklar yapıldı. Ziyafet herkese yetecek kadardı.

Düğün ve ziyafet bittikten sonra, hiç hesapta yokken Şam'dan bir grup, bu adamı ziyarete geldi. Fakat onları ağırlamak için ziyafet sofrasından geriye hiçbir şey kalmamıştı. Ancak her zamanki âdeti üzerine adam yine de onları ağırladı; geniş evindeki bir odada misafir etti. Sonra hemen hanımının yanına giderek misafirleri için yiyecek bir şeyler hazırlamasını istedi.

Hanımı,

- Yiyecek hiçbir şey kalmadı; ne var ne yok hepsini düğün misafirlerine sunduk, dedi.

Adam,

- O halde içecek bir şeyler hazırla, dedi.

Hanımı,

- Bütün içecekler tükendi, onlara ikram edecek bir şeyimiz yok, diye cevap verdi.

Ev sahibi misafirlerine ikram edecek bir şey bulamadığı için çok üzülmüştü. Hz. İsa adamın bu halini görünce, içecek küplerinin bulunduğu odaya girdi. Ellerini tek

tek küplerin üzerine doğru uzattı. Elini hangi küpün üzerine koysa, ağzına kadar içecekle doluyordu. Orada bulunan misafirler bunu hayretle seyrettiler. Bu hadiseden sonra ev sahibinin Hz. İsa'ya olan takdiri kat kat arttı.

Hz. Meryem [radıyallahu anhâ] ise bu gelişmelerden endişe duyuyor, Hz. İsa'dan her bir kerametin zuhur edişinde başına kötü bir şeyin gelmesinden; insanların ona bir hainlik yapmasından endişe ediyordu. Ayrıca bundan daha fazla kimsenin haberdar olmaması için Hz. İsa'dan meydana gelen hadiselerin üzerini bir şekilde kapatmaya çalışıyordu. Onun üzerine o kadar çok titriyordu ki artık hiçbir şeyden emin olamıyordu. Sürekli bir tedirginlik halindeydi.

Hz. İsa'daki bu olağanüstü haller ise günden güne fazlalaşıyor, o da gerek namaz kılarak gerekse dua ve zikirler ederek Rabb'ine yöneliyordu.

Bir gün Hz. Meryem'e [radıyallahu anhâ], zalim hükümdar Hirodes'in öldüğünün haberi geldi. Bunun üzerine Hz. Meryem ülkesine dönmeyi düşündü. Gönlü vatanını ve ailesini görme arzusuyla dağlanıyordu.

Bu sebeple, oğlu Hz. İsa ile birlikte yola koyuldu. O dönemde Hz. İsa on iki yaşlarında bir çocuktu. Fıtratı ve ahlâkı ile kendisini gören kalplerde bir etki bırakıyordu.

Hz. Meryem [radıyallahu anhâ], Beytülmakdis şehrine ulaştığında babasının sadık dostlarından biri, ona Yahudi rahiplerinin kendisine karşı büyük bir hainlik içinde olduklarını; bu şehirde kaldıkları sürece hem oğlunun hem de kendi hayatının güvende olmadığı yönünde nasihatlerde bulundu.

Bunun üzerine Hz. Meryem [radıyallahu anhâ], Nasıra kasabasına giderek burada yaşamaya başladı. Hz. İsa bu beldede Tevrat'ı ezberledi, ayetlerini, ondaki hükümleri ve dinî emirleri okuyup anladı, uyguladı.

Nihayet Hz. İsa otuz yaşına varmış; kuvvetli, sağlığı sıhhati yerinde, aklı-fikri olgun bir genç olmuştu. Allah Teâlâ ona vahiy yoluyla İncil'i indirmiş ve peygamberlikle görevlendirmişti.

Hz. İsa bu dini davet vazifesinin mesuliyetini sadakatle taşıyor; insanlar arasında yaymaya, Rabb'inin emirlerini tebliğ etmeye çalışıyordu.

Hz. İsa [aleyhisselâm], Rabb'inin emirlerini insanlara bildirmek üzerine giydiği basit bir elbiseyle bir köyden diğerine, bir şehirden başka bir şehre gidiyordu. Kimi zaman yalın ayak yürüyor, kimi zaman da bir merkebe biniyordu. Herkes gibi yere oturuyordu. İnsanları Rabb'lerini sevmeye ve O'nun dinine uymaya çağırıyordu. Hata yaptıklarında onları uyarıyor ve birçok yahudinin Tevrat'ta bozduğu yerleri ve inançları düzeltiyordu.

Hz. İsa, âdeta yeryüzünü dolaşan bir nur gibiydi. Tatlı ve hikmet dolu sözleriyle insanları cezbediyordu. İnsanlar büyük kalabalıklar halinde onun sohbetine koşuyorlardı.

Sayıları on iki kişiyi bulan, Hz. İsa'nın [aleyhisselâm] yakın arkadaşları havarîler ise o nereye gitse beraberinde gidiyorlardı. Hz. İsa onları öğrencileri olarak kabul etmiş ve yanına almıştı.

Havarîler, Hz. İsa'nın etrafında halka oluşturuyorlar ve onun verdiği tüm dersleri dinliyorlardı. Hz. İsa, havarilerine insanları dine davet etme görevini de vermişti; onlar insanların arasına girerek dine, bir olan Allah'a iman etmeye davet ediyorlardı.

Allah [celle celâluhû], Hz. İsa'ya bir takım mucizeler vererek insanların nazarında onun peygamberliğinin doğruluğunu güçlendirmişti.

Bir gün Hz. İsa bir köye, insanları imana davet etmeye gitmişti. Fakat köydeki yahudi rahipler ondan yüz çevirdiler; kendisinden söylediklerinin doğruluğunu kanıtlayacak deliller istiyorlardı. Bunun üzerine Hz. İsa onlara,

- Eğer size peygamberliğimin doğruluğuna dair bir delil getirirsem iman edecek misiniz, diye sordu.

Rahipler,

- Elbette, bir an bile beklemez, peygamberliğine ve getirdiğin her şeye iman ederiz, diye yanıt verdiler.

Hz. İsa eğildi, yerden bir avuç kadar ıslanmış, çamur haline gelmiş toprak aldı. Ona bir kuşun suretini verdikten sonra üfledi. Allah'ın izniyle, çamurdan yapılan kuşta hayat belirtileri görülmeye başlandı. Önce boynunu hareket ettiren kuş, ardından kanatlarını çırpmaya başladı ve gökyüzüne yükselerek daireler çizdi. Oradaki herkes, olanları hayretler içerisinde seyrediyordu.

Meydandaki uzun süren bu sessizliği, rahiplerden birinin kalın ve kaba sesi bozdu:

- Bu apaçık bir sihirdir, diye haykırdı.

Fakat onun sesi, Hz. İsa'nın peygamberliğini kabul edenlerin, iman ettiklerini söyleyenlerin sesleri arasında kaybolup gitti...

Hz. İsa'ya [aleyhisselâm] tâbi olanlar, iman edenler günden güne çoğalıyordu. Hz. İsa'nın [aleyhisselâm] ismi ve mucizeleri Filistin'in kuzeyindeki geniş bölgelerde de duyulmuştu.

Hz. İsa [aleyhisselâm], Allah'ın izniyle ölüleri diriltiyor, kendisine getirilen doğuştan körlere ve cüzzamlı hastalara şifa dağıtıyordu.

Kendisine tabi olanların sayısı arttıkça Tevrat'ı tahrif eden yahudi rahiplerin ona karşı öfkesi de artıyordu. Fakat Hz. İsa kötülüğe daima iyilikle, düşmanlığa hoşgörüyle, zulme affetmeyle karşılık veriyordu...

Onun şefkati, güzel ahlâkı, insanlarla olan güzel geçimi peygamberliğinin birer göstergesiydi. İnananların kalpleri onun sevgisine bağlanmıştı...

Günün birinde Hz. İsa [aleyhisselâm] havarileriyle beraber oturuyordu. Etraflarında ise açlığın midelerini kemirmekte olduğu pek çok muhtaç ve fakir kimse toplanmıştı. Bunlar havarilere gelerek,

- Acaba Hz. İsa [aleyhisselâm] bizim için Rabb'inden yiyecek bir şeyler isteyebilir mi, diye sordular.

Havariler de onların bu isteklerini Hz. İsa'ya [aleyhisselâm] götürdüler ve,

"Rabbin bize gökten bir sofra indirebilir mi?" dediler (Mâide 5/112).

Hz. İsa onların bu isteklerinden hoşlanmamıştı:

"İman etmiş kimseler iseniz Allah'tan korkun" dedi (Mâide 5/112).

Bu sefer havarîler,

"Biz istiyoruz ki, ondan yiyelim ve kalblerimiz mutmain olsun ve senin bize doğru söylediğini (kesin olarak) bilelim ve ona gözleriyle görmüş şahitler olalım istiyoruz" dediler (Mâide 5/113).

Hz. İsa [aleyhisselâm] onların bu yöndeki ısrarlarının üzerine Rabb'ine dua etmeye başladı ve şöyle dedi:

"Ey Rabbimiz! Bize gökten bir sofra indir ki, bizim için, geçmiş ve geleceklerimiz için bayram ve senden bir âyet (mucize) olsun. Bizi rızıklandır; zaten sen, rızık verenlerin en hayırlısısın" (Mâide 5/114).

Allah Azze ve Celle, peygamberi Hz. İsa'nın duasını kabul etmişti. Orada bulunanlar gökten büyük bir sofranın inmeye başladığını gördüler. Nihayet sofra yeryüzüne inmişti. İçinde en güzellerinden çeşit çeşit yemekler bulunuyordu.

Çok büyük bir kalabalık olmasına rağmen, orada bulunan herkes sofradan doyana kadar yedi.

Allah [celle celâluhû], bu mucizenin gerçekleşmesinden sonra kendisini ve peygamberi-

ni yalanlayarak inanmayanlara büyük bir azap hazırladığını peygamberine vahyetti.

Hz. İsa'ya [aleyhisselâm] ve İncil'e inanmayan pek çok yahudi, artık insanları onun etrafında görmek istemiyorlardı. Bu durum onların kalplerini daraltıyordu. Bu kişiler insanların karşısına çıkıp Hz. İsa'nın gösterdiği mucizelerin birer sihir olduğunu söylüyorlar ve bu yolla onları Hz. İsa'dan koparmayı hedefliyorlardı. Ancak maksatlarını gerçekleştirmeyi başaramadılar ve Hz. İsa'yı öldürmeye karar verdiler. Bunun için Rum hükümdarını da kışkırttılar. O da Hz. İsa'nın yakalanmasını emretti.

Hz. İsa [aleyhisselâm], öğrencileri olan havarîlerinden başka hiç kimsenin bilmediği bir yere gizlendi. Fakat bir kişi vardı ki, o Hz. İsa'nın saklandığı yeri görmüştü. Bu kişi Yehuda el-İskariyot'tu... Hemen şehre gidip yahudi rahiplere ve askerlere Hz. İsa'nın saklandığı yeri söylemişti.

Onlar gelmeden biraz önce Yehuda, Hz. İsa'nın saklandığı yere girdi; ancak içerde kimseler yoktu. Hz. İsa [aleyhisselâm] ve arkadaşları askerler gelmeden önce orayı terk etmişlerdi. Yehuda, tam dışarı çıkacakken kapıda askerlerle karşılaştı. Askerler Hz. İsa'yı daha önce görmediklerinden Yehuda'yı Hz. İsa diye yakaladılar. Yehuda ise henüz ne olduğunu, neden yakalandığını bilmiyordu. Daha sonra kendisinin Hz. İsa namıyla yakalandığını öğrenince, kendisiyle alay edildiğini zannetti, fakat herkes çok ciddiydi. Çünkü Allah [celle celâluhû] onu Hz. İsa'ya benzetmişti. Ayırt edilecek hiçbir yanı yoktu. Hz. İsa'ya gelince, o bütün bu olanlardan sonra Allah [celle celâluhû] tarafından göklere yükseltilmişti.

Askerler Hz. İsa'ya benzeyen bu adamı, asılması için hazırlanan çarmıhın yanına getirdiler. Ellerini ve ayaklarını çarmıha bağladılar ve çivilerle çarmıha çaktılar.

Onlar Hz. Meryem [radıyallahu anhâ] oğlu İsa'yı öldürüp ondan kurtulduklarını zannediyorlardı. *"Hâlbuki onu ne öldürdüler, ne de astılar; fakat (öldürdükleri) onlara İsa gibi gösterildi"* (Nisâ 4/157).

Hz. Meryem [radıyallahu anhâ] ise oğlunun gökyüzüne yükseltilmesinden sonra, dört sene kadar yaşadı. Vefat edene kadar kendisini ibadete, zikre ve duaya verdi. Vefat ettiğinde yaşı ellinin üzerindeydi.

Hz. Fatıma

Peygamber Efendimiz [sallallahu aleyhi vesellem] ve Hz. Hatice annemiz, kızları Fatıma'nın [r.anhâ] dünyaya gelmesiyle çok mutlu olmuşlardı. Kız çocuklarının en küçüğü olan Fatıma [r.anhâ], kardeşleri arasında babasına en çok benzeyeniydi.

***

Günler su gibi akıp geçiyordu. Gün gelmiş Fatıma küçük bir kız çocuğu olmuştu. Güzel, güleç yüzlü, neşeli... Anne-babasının mutluluk ve sevinç kaynağıydı. Diğer üç kız kardeşi Zeyneb, Rukiyye ve Ümmü Gülsüm'le birlikte güzel günler geçiriyorlardı. Hz. Fatıma'nın erkek kardeşleri olan Kasım ve Abdullah henüz beşikte iken vefat etmişlerdi.

Fatıma [r.anhâ], bu saadetli yuvanın mis kokular yayan reyhanı; tomurcuğu, yeni açılmış bir çiçeği yani "Zehra" sı oluvermişti.

Hz. Fatıma [r.anhâ], her şeyi anlar bir yaşa geldiğinde, güzel ahlâkından, doğru sözlülüğünden, güvenilirliğinden, insanların yardımına koşmasından, şerefli ve haysiyetli biri olmasından ötürü babasının, Mekke halkının nazarında büyük bir yere sahip olduğunu öğrenmişti.

Hz. Fatıma [r.anhâ] babasına çok düşkündü. Bir ara birkaç gündür onu göremez olunca annesi Hz. Hatice'ye,

- Kaç gündür babamı neden göremiyorum? Nereye gitti, yoksa Mekke'yi terk mi etti, diye sordu.

Hz. Hatice [radıyallahu anhâ],

- Hayır, Mekke'yi terk etmedi. O, Hira dağındaki bir mağarada inzivaya çekildi. Yalnız kalarak Allah'a samimî bir şekilde ibadet ediyor. Ben de hemen hemen hergün ona yiyecek içecek gibi ihtiyaçlarını götürüyorum, deyince,

Hz. Fatıma [radıyallahu anhâ],

- Oraya gideceğin zaman beni de yanında götür müsün anne, dedi.

Annesi Hz. Hatice [radıyallahu anhâ],

- Sen daha çok küçüksün. Seni nasıl götürebilirim ki? Babanın kaldığı yer çok uzakta ve gidilmesi oldukça güç bir yer, dedi.

Bunun üzerine Hz. Fatıma üzülerek,

- O uzak mağarada daha ne kadar kalacak? diye sordu.

Hz. Hatice [radıyallahu anhâ],

- Baban, Allah'a ibadet etmek için yılda bir ay yalnız başına orada kalmayı âdet edindi, dedi.

Hz. Fatıma [radıyallahu anhâ], sabırla babasını kendisinden ayıran günlerin geçmesini bekledi. Annesine babasının ne zaman geri döneceğini sorup duruyordu.

Bir gün aniden babası içeriye girdi. Korku ve telâş içindeydi. Hanımı Hatice'ye,

- Beni ört!.. Üzerimi ört, diyordu. Hz. Hatice hemen kalkıp büyükçe bir örtüyle eşi Hz. Muhammed'in [sallallahu aleyhi vesellem] üzerini örttü, onu sıkıca sardı.

Hz. Muhammed [sallallahu aleyhi vesellem] sakinleşene ve üzerindeki korkuyu atana kadar böylece durdu. Daha sonra mağarada başına gelen hadiseyi anlattı ve Allah Teâlâ'nın kendisine indirdiği o ilk ayetleri onlara okudu:

"Yaratan Rabbinin adıyla oku! O, insanı pıhtılaşmış kandan [alaktan] yarattı. Oku! İnsana bilmediklerini belleten, kalemle (yazmayı) öğreten Rabbin, en büyük kerem sahibidir" (Alak 96/1-5).

Hz. Fatıma [radıyallahu anhâ], babası Hz. Muhammed'e [sallallahu aleyhi vesellem] ilk vahyin geldiği esnada henüz beş

yaşında idi. Yaşına rağmen etrafında olup biten pek çok olayı kavrayabilen, zeki, akıllı bir çocuktu. İlk vahiy geldikten sonra artık evde hayat değişmişti...

Hz. Fatıma [radıyallahu anhâ], babasının insanları İslâm'a davet edişinin ilk anlarına şahit olmuştu. Aile halkı, onun Allah'tan getirdiklerine iman eden ve peygamberliğini tasdik eden ilk kimseden oldu.

Annesi Hz. Hatice İslâmiyet'i kabul eden ilk kişiydi...

Ondan sonra Hz. Muhammed'in [sallallahu aleyhi vesellem] amcasının oğlu Hz. Ali [radıyallahu anh] küçük olmasına rağmen müslüman oldu.

Hz. Ali [radıyallahu anh], o zamanlar henüz on yaşını aşmamış bir çocuktu. Resûlullah'ın saadetli evinde kalıyor, onlarla beraber yaşıyordu.

Derken Hz. Fatıma'nın ablaları da müslüman oldular. Resûlullah'ın [sallallahu aleyhi vesellem] ehl-i beyti yavaş yavaş İslâm'a girmeye başlamıştı. Müslümanlıkla şereflenenlerin sayıları henüz çok azdı.

Hz. Ebû Bekir [radıyallahu anh] büyükler arasında İslâm'a giren ilk kişiydi. Daha sonra Osman b. Affân, Abdurrahman b. Avf, Sa'd b. Ebî Vakkâs [radıyallahu anh] gibi kimseler müslüman oldular.

Hz. Fatıma [radıyallahu anhâ], babasının bir peygamber olduğunu artık biliyordu. Allah Teâlâ onu, insanların hidayeti için göndermiş; emirlerini bildirmesi için kendisine Kur'ân-ı Kerîm'i indirmeye başlamıştı.

Hz. Fatıma [radıyallahu anhâ] günler geçtikçe etrafında olup bitenleri daha iyi idrak edebiliyordu. Müslümanların sayıları her geçen gün artıyordu. Müslümanlar, Erkâm b. Erkâm'ın [radıyallahu anh] evinde gizlice toplanıyorlar ve Allah Teâlâ'ya ibadet ediyorlardı.

Resûlullah [sallallahu aleyhi vesellem], Hz. Erkâm'ın evinde müslümanlara dinlerini öğretiyor ve onları Kur'an ahlâkı üzerine eğitmeye çalışıyordu.

Daha dün gibi hatırladığı ilk vahiy hadisesinin üzerinden tam üç sene geçmişti. Babası Resûlullah [sallallahu aleyhi vesellem] insanları gizli olarak İslâm'a davet etmeye devam ediyordu. Artık İslâmiyet Mekke'de iyice yayılmıştı, herkes bunu konuşuyordu.

Nihayet Allah Teâlâ, elçisine insanları açıkça davet etmesi emrini verdi...

Bunun üzerine Resûlullah [sallallahu aleyhi vesellem] Kureyşlileri bir araya toplayarak şöyle dedi:

- Ey Kureyşliler! Gelin müslüman olun. Tek olan Allah'a inanın. Yoksa O'ndan gelecek bir azaba karşılık ben sizi kurtaramam. Ey Abdimenafoğulları, ben sizi kurtaramam. Ey Abbâs b. Abdülmuttalib, ey Resûlullah'ın halası Safiyye, ben sizi kurtaramam. Ey Mu-

hammed'in kızı Fatıma! Malımdan ne istersen vereyim, ama ben seni de kurtaramam...

Hz. Fatıma [radıyallahu anhâ], Resûlullah'ın [sallallahu aleyhi vesellem], diğer kızlarının arasından sadece kendisine yaptığı bu özel seslenişi sırasında sekiz yaşındaydı. Babasının bu sözlerini işittiği zaman sanki,

- Buyur, ey babaların en güzeli, davetçilerin en mükerremi! diye cevap veriyordu...

Fatıma [radıyallahu anhâ], babasının İslâm dinini tebliğ etmesinin her anına şahit oluyor, kimi hadiseleri beraber yaşıyordu. Resûlullah [sallallahu aleyhi vesellem] insanlara İslâm'ı anlatırken pek çok zorluklarla karşılaşıyor ve Mekke halkının eziyetlerine maruz kalıyordu.

Resûlullah [sallallahu aleyhi vesellem] eve geldiği zaman hanımı Hz. Hatice [radıyallahu anhâ] onu güler yüzle karşılıyor, sözleriyle daima destek olup güç veriyordu. Bu durum Hz. Fatıma'da [radıyallahu anhâ], mücadele hususunda yeni bir ruh meydana çıkartmış; eziyetlere karşı tahammül, sabır ve kuvvet kazandırmıştı.

Bir baba tebliğ etmesi gereken bir dava için her türlü zorluk ve meşakkate göğüs geriyor; bir anne de akıbeti ne olursa olsun bu yolda var gücüyle ona yardım ediyordu...

Hz. Fatıma'nın [radıyallahu anhâ] gördüğü hadiseler, kendisinin nübüvvet hanesinde en güzel ahlâkla eğitilerek yetişmesine vesile oluyordu.

Kureyşliler, günden güne İslâmiyet'in yeni yeni erler kazandığını ve bu dine yardım edenlerin çoğaldığını görünce Hz. Muhammed'den [sallallahu aleyhi vesellem] kurtulmaya karar verdiler.

Bu haber, Resûlullah'ın amcası olan Ebû Tâlib'in kulağına gelince hemen kavmi olan Haşimoğulları ile Abdulmuttaliboğulları'nı bir araya toplayarak onlara, Resûlullah'ı [sallallahu aleyhi vesellem] koruma altına almalarını emretti.

Onlar da Ebû Tâlib'in bu emrine itaat ettiler. Hatta içlerinde inanmayanlar dahi sırf akrabalık bağlarından dolayı Resûl-i Ekrem'i [sallallahu aleyhi vesellem] koruyacaklarına dair söz verdiler.

Kureyşliler, Ebû Talib'in bu yaptığını öğrenince, bir araya gelerek aralarında zalimce bir antlaşma imzaladılar. Buna göre artık hiçbir Kureyşli, Muhammed [sallallahu aleyhi vesellem] kendilerine teslim edilinceye kadar onlarla alış veriş yapmayacak, kız alıp vermeyecekti. Kureyş'in ileri gelenleri, bu antlaşma metnini Kâbe'nin duvarına astılar.

Müslümanlara uygulanan bu hain ambargo, tam üç yıl sürdü. Hz. Hatice ile kızı Hz. Fatıma [radıyallahu anhâ], babasının ve müslümanların bu zor zamanlarında onu hiç yalnız bırakmadılar.

Müslümanlar, kendilerine uygulanan bu ambargo nedeniyle ancak hayatlarını sürdürecek kadar yiyecek ve içecek temin edebiliyorlardı.

Resûlullah'ın [sallallahu aleyhi vesellem] hane halkı, bıkmadan, usanmadan üstün bir sabırla bütün eziyetlere sabrediyorlardı.

Evet, Allah yolunda olunca her şey kolaylaşıyor, acılar bile tatlı hale geliyordu...

Bu şekilde yıllar yılları kovalamış Hz. Fatıma [radıyallahu anhâ] büyümüş ve inancı kuvvetli genç bir kız olmuştu. Ancak babası Hz. Muhammed'in [sallallahu aleyhi vesellem] karşılaştığı zorluklar, eziyetler onu âdeta eritiyordu. Kureyşliler'in zalim ambargosu bir türlü sona ermek bilmiyordu...

Boykot yılları devam ederken Resûlullah'ın amcası Ebû Talib vefat etti. O, ne iyi, ne güzel bir yardımcıydı. Resûl-i Ekrem [sallallahu aleyhi vesellem] onun vefat etmesine çok üzülmüştü. Onun vefatından birkaç ay sonra da hanımı Hz. Hatice de [radıyallahu anhâ] bu dünyadan ayrıldı. Eşinin vefatı Resûlullah'ı [sallallahu aleyhi vesellem] çok sarsmıştı.

Resûlullah [sallallahu aleyhi vesellem] en yakın dostunu, arkadaşını, hikmet sahibi, şefkatli, sevgi dolu, sabır ve sebat ehli yârini kaybetmişti.

Kızları da, pek merhametli, kendilerini kollayıp kuşatan biricik annelerini yitirmişlerdi.

Hz. Fatıma'nın acısı herkesin acısından çok daha büyüktü. Annesini kaybettiği zaman on beş yaşını bile aşmamış bir kızdı. Kardeşleri arasında annesine en çok ihtiyacı olan oydu.

Bundan sonra Hz. Fatıma âdeta annesinin yerine geçmiş ve babasına destek olacağına, yardım edeceğine dair kendi kendine söz vermişti. Artık o, evvelce annesinin yaptığı gibi Resûlullah'ın [sallallahu aleyhi vesellem] etrafından hiç ayrılmıyordu.

Bir gün Resûl-i Ekrem [sallallahu aleyhi vesellem] Kâbe'de namaz kılmakta iken, Mekke'nin rezil adamlarından, Ukbe b. Muayt elinde kan ve pisliklere bulanmış bir deve işkembesi ile çıkageldi. Resûlullah [sallallahu aleyhi vesellem] secdeye varmışken elindekini omuzlarının üzerine bıraktı.

Resûlullah'ın namaz kılışını seyreden Mekke müşriklerinin reisleri, onun bu küstahça davranışına katıla katıla gülmeye başladılar. Hatta bazıları gülmekten birbirleri üzerine yıkılıyorlardı. Uzaktan babasını gören Hz. Fatıma hemen koşarak yanına geldi. Resûlullah [sallallahu aleyhi vesellem] hâlâ secdede ve hareket etmiyordu. Hz. Fatıma [radıyallahu anhâ] eğildi ve babasının üzerindekileri kaldırıp attı. Sonra müşriklerin reislerine dönerek bu tavırlarını kınadı ve büyük bir cesaretle onlara ağır ifadeler kullandı. Ardından Resûlullah [sallallahu aleyhi vesellem] ayağa kalktı ve hâlâ gülmeye devam eden müşriklere beddua etti:

- Allahım, Kureyş'in şu topluluğunu sana havale ediyorum! Allahım, Ebû Cehil b. Hişâm'ı sana havale ediyorum! Allahım, Ukbe b. Muayt'ı sana havale ediyorum, dedi. Bu sözleri işiten müşrikler sus pus oldular, renkten renge girdiler. Hepsini bir korku kapladı.

Allah Teâlâ, Peygamberinin duasını kabul etmişti. Çünkü Resûlullah'ın isimlerini zikrettiği herkes Bedir savaşında öldürüldü.

Günün birinde Hz. Fatıma [radıyallahu anhâ], Kâbe'nin yanında oturan bir grup müşrikin kendi aralarında Mekke'de olup bitenler hakkında konuştuklarını işitti. Hepsi aralarında, kendi ilahları adına, Hz. Muhammed'e [sallallahu aleyhi vesellem] hep beraber saldıracaklarına ve öldürmeden bırakmayacaklarına dair yemin ediyorlardı.

Hz. Fatıma [radıyallahu anhâ] hemen babasının yanına gitti. Bir yandan ağlıyor, bir yandan da müşriklerin niyetini anlatarak dikkatli olmasını, onların yanına gitmemesi gerektiğini söylüyordu. Resûlullah [sallallahu aleyhi vesellem] gayet sakin ve kendinden emin bir şekilde,

- Ey kızım, abdest için bana biraz su getir, dedi.

Hz. Fatıma hemen abdest suyunu hazırlayarak geldi. Resûlullah [sallallahu aleyhi vesellem] abdest aldıktan sonra müşriklerin bulunduğu yere gitti. Kureyş müşrikleri onu görür görmez,

- İşte bu o, diye söylendiler. Fakat Resûlullah'ın [sallallahu aleyhi vesellem] vakar ve heybetinden herkes başını öne eğmiş ve hiç kimse yerinden kımıldayamamıştı.

Hz. Peygamber [sallallahu aleyhi vesellem] onlara doğru yaklaştı ve yerden bir miktar toprak aldıktan sonra,

- O gün kimi yüzler çirkin olacaktır, diyerek üzerlerine serpti. Daha sonra yoluna devam etti.

Nebî [sallallahu aleyhi vesellem], insanları bu doğru yola davet ederken çok çaba gösteriyordu. Dini yaymak için ulaşabildiği her yere giderdi. Hac mevsiminde Mekke'ye gelen kabilelerin hemen hemen hepsiyle görüşür, tebliğde bulunurdu. Anlattıkları karşısında bazı insanların idraksizliğine, sabırla, imanla tahammül eder, ümidini kesmez ve davetinden asla geri durmazdı.

Resûl-i Ekrem [sallallahu aleyhi vesellem] bu davetlerinden birinde Yesrib (Medine) halkıyla karşılaştı. Kendilerine İslâmiyet tebliğ edildiğinde Medineliler bu teklifi kabul ettiler ve Resûlullah'ı [sallallahu aleyhi vesellem] koruyup yardım edeceklerine dair söz verdiler. Böylece Resûlullah [sallallahu aleyhi vesellem] sahabelerine Medine'ye hicret etmeleri emrini verdi. Bunun üzerine sahabeler hiç vakit kaybetmeden, gruplar halinde Medine'ye hicret etmeye başladılar. Allah Teâlâ Resûlü'ne hicret izni verene kadar Mekke'de müslümanlardan hicret etmeyen pek az kişi kalmıştı.

Artık Resûlullah'a da [sallallahu aleyhi vesellem] hicret izni verilmişti. Bu büyük tarihî göçte Hz. Ebû Bekir [radıyallahu anh] ona arkadaşlık etti.

Resûlullah [sallallahu aleyhi vesellem], hicret ederken kızları Fatıma ile Ümmü Gülsüm'ü [radıyallahu anhâ] Mekke'de bıraktı. Medine'ye yerleşince kızlarını alması için Zeyd b. Harise'yi [radıyallahu anh] Mekke'ye gönderdi. Kafile Mekke'yi terk ederken iki kardeşinin kalbini, evlerinden ayrılmanın hüznü sarmış ve orada çekilen çilelerin hatıraları kaplamıştı. Vatanlarından ayrılmanın üzüntüsüyle göz yaşlarını tutamıyorlardı.

Ne garip bir durumdu. Hüzünle mutluluk birbirine karışıyordu; bir yanda şefkatli, sevgili babaya kavuşmak, ehl-i beytle bir araya gelmek; bir yanda da vatandan, akrabalardan ve dostlardan ayrılık...

Zeyd b. Hârise [radıyallahu anh], bu mübarek kafileyi sükunet içinde Mekke'nin dışına doğru götürmeye başladı. Bu manzara, kindar bazı Mekkelilere dokunmuştu. Hz. Muhammed'in iki kızının gözlerinin önünde Mekke'den çıkıp gidiyor olması zorlarına gitmişti. Kötü niyetli bir müşrik kafilenin ardından yaklaşarak elindeki kılıçla develeri dürttü. Develer ürkünce Hz. Fatıma ve Hz. Ümmü Gülsüm [radıyallahu anhâ] yere düştüler. Herkes büyük bir endişeye kapılmıştı. Mekkelilerin yaptıkları bu alçakça davranış akla hayale sığar gibi değildi.

Hamdolsun... Nihayet kafile Medine'ye varabildi. Resûlullah [sallallahu aleyhi vesellem], kızlarına ve kafiledeki diğer müslümanlara kavuştuğu için çok seviniyordu.

Artık iki kardeş için Medine-i Münevvere'de yepyeni bir hayat başlıyordu.

Hz. Fatıma [radıyallahu anhâ], Mekke'de olduğu gibi babasının himayesi altındaydı. Huzur ve mutluluk içinde evin işlerini yürütmeye devam ediyordu.

Hz. Fatıma artık büyümüş ve evlenecek yaşa gelmişti. Sahip olduğu imanı ona güzellik üstüne güzellik katıyordu. Yılların kazandırdığı birikimler, tecrübelerini daha da artırmış, hikmetine hikmet, zekâsına zekâ katmıştı. Bütün bunların ötesinde o, Resûlullah'ın [sallallahu aleyhi vesellem] kızıydı. Sahabelerin büyüklerinin ilgi duyduğu biriydi... Birçok sahabe Resûlullah'a gelerek kızıyla evlenmek istediklerini söylemeye başlamıştı.

Onlardan biri de Ebû Bekir [radıyallahu anh] idi. O, mevki ve makamca sahabeler arasında çok üstün bir yerdeydi. Ve Ömer b. Hattâb [radıyallahu anh] heybetli ve vakarlıydı. Fakat Resûlullah [sallallahu aleyhi vesellem] gayet nazik bir şekilde onlardan özür dileyerek tekliflerini nezaketle geri çevirdi.

Artık herkes Fatıma'nın evlilik durumunu konuşmaya başlamıştı. Acaba bundan sonra Hz. Fatıma'yı istemeye kim gidecek ve Resûlullah [sallallahu aleyhi vesellem] onu nasıl karşılayacaktı?

Hz. Ali de [radıyallahu anh] bu konuda bazı şeyler hissediyor ve oluşacak bu yakın akrabalık şerefine kavuşmak istiyordu. Her ikisi de soy bakımından birbirine yakın olduğu

için Hz. Ali [radıyallahu anh] onunla evlenmeye layık olduğunu düşünüyordu. Ayrıca yaş bakımından da birbirlerine denktiler.

Fakat bir türlü Hz. Fatıma'yı istemek için kendinde yeterli cesareti bulamıyordu. Resûlullah'ın [sallallahu aleyhi vesellem], yakın dostları Hz. Ebû Bekir ve Hz. Ömer'i özür dileyerek geri çevirmiş olması da onun cesaretinin kırılmasına neden olmuştu.

Ne var ki bazı dostları Hz. Fatıma'yı istemesi için onu cesaretlendiriyorlardı. Biraz tereddüt ettikten sonra istemeye karar vererek yola koyuldu.

Hz. Ali [radıyallahu anh] yolda ilerlerken bir yandan Resûlullah'ın [sallallahu aleyhi vesellem] huzurunda söyleyeceği kelimeleri kendi kendine tekrarlıyor ve bir düzene koymaya çalışıyordu. Resûl-i Ekrem'in [sallallahu aleyhi vesellem] huzuruna vardığında daha oturmadan, kendisini bir utanma duygusu kapladı. Söyleyeceği kelimeleri unutmuş ve âdeta dili düğümlenmişti. Resûlullah'ın [sallallahu aleyhi vesellem] yanına gelme sebebini anlatmaya cesaret edemiyordu.

Fakat Resûlullah [sallallahu aleyhi vesellem] amcasının oğlu Hz. Ali'nin içinden geçenleri biliyordu. Ne için geldiğini sezmişti.

- Ne için geldin? Bir sıkıntın mı var, diye sözlerine başladı.

Hz. Ali [radıyallahu anh] sus pus olmuştu. Resûlullah'a [sallallahu aleyhi vesellem] duyduğu saygı ve hürmetten dolayı bir kelime dahi cevap veremiyordu.

- Galiba Fatıma'yı istemek için geldin, dedi Resûl-i Kibriyâ [sallallahu aleyhi vesellem].

Hz. Ali [radıyallahu anh],

- Evet, diye kısık bir sesle cevap verdi.

Resûlullah [sallallahu aleyhi vesellem],

- Peki, ona mehir olarak verebileceğin bir şeyin var mı, diye sordu. Hz. Ali [radıyallahu anh],

- Yâ Resûlullah, vallahi verebileceğim hiçbir şeyim yok, dedi.

Resûlullah [sallallahu aleyhi vesellem] kendisine hediye ettiği zırhı sordu. Hz. Ali [radıyallahu anh],

- Evet, yanımda, dedi.

Bu zırh dört dirhemden fazla etmeyen bir zırhtı. Nebî [sallallahu aleyhi vesellem],

- Seni kızımla evlendirdim... buyurdu.

İşte Hz. Fatıma'nın mehri bu ucuz zırh olmuştu.

Düğün gecesi yaklaşıyor, gelin ve damat bu gün için hazırlanıyordu. Hicretin ikinci senesi ve Ramazan ayıydı. Basit, gösterişten ve şatafattan uzak bir hazırlıktı bu.

Fakat her ikisinin de kalbi imanla mamur, birbirlerine karşı sevgi, muhabbet ve sadakatle doluydu.

Hz. Fatıma'nın çeyizinde bir döşek, içi hurma yaprakları ve liflerle doldurulmuş deriden bir yastık, yıkanmak için bir leğen, bir su kabı ve kırba, elek, bardak ve bir de buğday-arpa

öğütmek için el değirmeni bulunuyordu. Evleri ise gayet sadeydi; kerpiç duvarlar ve üstünü kapatmak için hurma dalları...

Müslümanların bu evlilikten ötürü duydukları sevinçleri çok büyüktü. Kalpleri mutlulukla dolmuş, Medine halkının yüzünü bir sevinç kaplamıştı.

Müslümanlar grup grup Hz. Ali [radıyallahu anh] ile Fatıma'nın [radıyallahu anhâ] düğün yemeğine geliyorlardı.

Her yer mis gibi kokuyordu. Gönüller mutlulukla dolu, gözler samimî sevinç ifadeleriyle ışıl ışıl parlıyordu.

Resûlullah [sallallahu aleyhi vesellem] gelin ve damadın yanına gitti. İçi su dolu bir kap getirilmesini isteyerek abdest aldı. Sonra bu suyu Hz. Ali'nin [radıyallahu anh] üzerine serpti ve,

- Allahım! Her ikisinin evliliklerini mübarek kıl, nikahlarını bereketli, nesillerini hayırlı eyle, diye dua etti.

Sonra Hz. Fatıma'yı [radıyallahu anhâ] çağırdı. Hz. Fatıma büyük bir hayâ ile geliyor ve utancından ayakları eteklerine dolanıyordu. Resûlullah [sallallahu aleyhi vesellem] bu sudan onun üzerine de serpti ve aynı duayı ona da etti. Sonra kızına dönerek,

- Ey Fâtıma, seni ilim bakımından en yüksek, ahlâk bakımından en ileri, müslümanlığı kabul bakımından en önde gelen biriyle evlendirdim, dedi.

* * *

Artık Hz. Fatıma [radıyallahu anhâ], iyilik ve ihsan sahibi olan çok sevdiği kocasıyla yepyeni bir hayata başlıyordu. Her ikisi de birbirlerini çok iyi tanıyorlar, kadir ve kıymetlerini iyi biliyorlardı.

Mutluluk mütevazı evlerinin yolunu bulmuş ve onlara sahip olabildikleri en büyük zenginliği vermişti.

Muhabbet, sevgi ve hoşnutluk evin her tarafında bir kuş gibi süzülüyordu. Zorluklar ve sıkıntılar onlara kolay geliyordu. Hizmetçi tutmaksızın evlerinin işlerini kendileri görmeye gayret ediyorlardı. Zaten bir hizmetçinin ücretini verecek kadar paraları da yoktu.

Hz. Fatıma [radıyallahu anhâ] ekmek yapmak için el değirmenini bizzat kendisi çeviriyordu. Hatta bu yüzden elleri yara bere içinde kalmıştı. Evinin su ihtiyacını karşılamak için kuyudan su çekiyor, bütün gün çalıştığı için elbisesi toz toprak oluyordu.

Zaman geçtikçe bu durum bir hayli zorlaşmıştı. Hz. Fatıma [radıyallahu anhâ] babasına giderek, evin bazı işlerini yüklenecek, kendisine yardımcı olacak bir hizmetçi isteyecekti. Resûlullah'ın huzuruna girdiğinde selam verdi ve yanına oturdu.

Resûlullah [sallallahu aleyhi vesellem] bir ihtiyacının olup olmadığını sordu, fakat o, hayâsından konuyla ilgili olarak bir kelime dahi konuşamadan babasının yanından ayrıldı. Evine geldiği zaman eşi Hz. Ali [radıyallahu anh],

- Ne yaptın, diye sordu. Hz. Fatıma,

- İstemekten utandım, diye yanıt verdi.

Bunun üzerine Hz. Ali [radıyallahu anh] eşinin elinden tutarak beraberce Resûlullah'ın [sallallahu aleyhi vesellem] yanına gittiler. Hz. Ali [radıyallahu anh], hayatın zorluklarını eşiyle birlikte paylaştıklarını ancak şimdi evin bazı işlerini yürütecek bir hizmetçiye ihtiyaçları olduğunu ve böyle birini istediklerini anlattı.

Resûlullah [sallallahu aleyhi vesellem] nezaketle bu taleplerini karşılayamayacağını söyledi ve,

- Vallahi Suffa ehlinin karınları açken size hizmetçi veremem, dedi.

Bu değerli karı-koca, Resûlullah'ın cevabına gönülden razı olarak evlerine döndüler. Çünkü onlar Resûlullah'ın [sallallahu aleyhi vesellem] adalete ne kadar dikkat ettiğini çok iyi biliyorlardı.

Resûlullah [sallallahu aleyhi vesellem] hiçbir kimse için adaletten ayrılmazdı. Bu kimse, gözünün nuru, biricik kızı Fatımatü'z-Zehrâ olsa bile...

Hz. Ali [radıyallahu anh] ve Hz. Fatıma [radıyallahu anhâ] evlerine girdikten kısa bir müddet sonra birden kapı çalmaya başladı. Kapıyı açtılar, Resûlullah [sallallahu aleyhi vesellem]...

- Sizlere istediğinizden daha hayırlı bir haber vereyim mi, buyurdu.

- Evet, dedi onlar da.

Resûl-i Kibriyâ [sallallahu aleyhi vesellem] şöyle buyurdu:

- Cibril-i Emîn'in bana öğretmiş olduğu bazı kelimeler var. Sizler her namazın peşinde on defa Sübhânallah, on defa elhamdülillâh ve on defa da Allahuekber, deyiniz. Yine yatağınıza girdiğinizde, otuz üç defa Sübhânallah, otuz üç defa elhamdülillâh ve otuz dört defa da Allahuekber deyiniz.

Bu kelimeler onlar için güzel bir hediye olmuştu. Resûlullah'ın [sallallahu aleyhi vesellem] kendileri için razı olduğuna onlar da rıza göstermişti. Âdeta üzerlerindeki zorluk ve sıkıntılar bir anda yok oluvermişti. O gece Resûlullah'ın [sallallahu aleyhi vesellem] kendilerine öğrettiği tesbihleri okuyarak mutlu bir şekilde uyudular.

Hz. Fatıma [radıyallahu anhâ] evliliğinden sonra da mutlu hayatına devam etmişti. Onun bu mutluluğunu engelleyecek hiçbir şey yoktu.

Elinde olmayan bazı sebeplerden ötürü müslümanlarla birlikte Bedir muharebesine katılamamıştı Hz. Fatıma. Fakat yaklaşan Uhud harbine kesinlikle katılmaya karar vermişti. Askerlere su dağıtacak, bir takım hizmetleri görecek ve yaralıları tedavi edecekti.

Uhud Savaş'ı başlamıştı ve müslümanların lehine ilerliyordu. Müşrikleri geri püskürtmüşlerdi, onlar arkalarını dönüp kaçıyorlardı. Savaş meydanında hemen hemen hiç müşrik kalmamıştı. Müslümanlar, müşriklerin bıraktıkları ganimetleri toplamaya başlamışlardı.

Fakat bu sırada müslümanların arkalarını korumakla görevli askerler, diğer arkadaşları gibi ganimetten nasip alabilmek için bulundukları yeri terk etmişlerdi. Bu durumu fırsat bilen müşrikler, müslümanların arkasından dolanarak saldırmaya başladılar. Saflar dağıldı, zafer sevincinin yerini büyük bir üzüntü kapladı. Hz. Ebû Bekir, Hz. Ömer, Hz. Ali, Hz. Talha, Hz. Zübeyr gibi yiğit birkaç müslümandan başka Resûlullah'ın [sallallahu aleyhi vesellem] yanında kimse kalmamıştı.

Bu yiğit sahabelerin hepsi, Resûlullah'ın etrafında etten bir duvar oluşturmuş ve müşrikleri geri püskürtmüşlerdi.

Resûlullah [sallallahu aleyhi vesellem] savaş meydanından çıktığında bir dişi kırılmış, başı yarılmış ve dudağı yaralanmıştı. Mübarek yüzünden aşağı kanlar akıyordu. Bu çok azap veren bir durumdu ve müslümanların çok ağırına gitmişti. Fakat Resûlullah'ın [sallallahu aleyhi vesellem] hayatta olması onları rahatlatmıştı.

Hz. Ali [radıyallahu anh], tulumuna bir miktar su doldurarak Resûlullah'ın [sallallahu aleyhi vesellem] kan içinde kalan yüzünü yıkadı. Hz. Fatıma [radıyallahu anhâ] suyun Resûlullah'ın yüzündeki kanamayı artırdığını görünce bir parça hasır aldı, onu yaktı ve külünü yaraya bastırarak kanamayı durdurdu...

* * *

Yıllar, yılları kovaladı. Hz. Fatıma'nın [radıyallahu anhâ] ile Hz. Ali'nin evliliğinden kız ve erkek çocukları, pak nesilleri oldu. Hz. Hasan [radıyallahu anh] onların ilk göz ağrıları idi. Resûlullah [sallallahu aleyhi vesellem], kızının doğum vakti yaklaştığında,

- O nasıl? Kızım Fatıma nasıl? Biricik kızım... diye sormuştu.

Kızının doğum sancılarının başladığı kendisine haber verildiğinde Resûlullah [sallallahu aleyhi vesellem] etrafındakilere,

- Kızım doğum yaptığı zaman hiç vakit kaybetmeden bana haber verin, dedi.

Hz. Fatıma [radıyallahu anhâ] doğum yapınca Resûlullah [sallallahu aleyhi vesellem] hemen görevlilere,

- Kızım nasıl? Biricik kızım... Şimdi ne yapıyor? Ne durumda, diye sordu. Görevli kadınlar kızının sağlıklı bir doğum gerçekleştirdiğini söyleyerek torununu kucağına verdiler. Resûlullah [sallallahu aleyhi vesellem] mübarek tükürüğünden bir parça Hz. Hasan'ın dudaklarına sürdü. Adını da Hasan koydu. Resûlullah [sallallahu aleyhi vesellem] Hz. Hasan [radıyallahu anh] hakkında,

"O benim dünyadaki reyhanım. Benim bu torunum, efendidir. Umulur ki Allah bununla iki müslüman topluluğun arasını bulacaktır" buyurdu. Daha sonra Resûlullah [sallallahu aleyhi vesellem],

- Allahım! Ben, onu seviyorum. Onu sen de sev. Onu seveni de sev, diye dua etti.

Bir sene sonra, yani hicretin dördüncü senesi, Hz. Fatıma bir çocuk daha dünyaya getirdi, Hz. Hüseyin [radıyallahu anh] doğdu...

Resûlullah'ın [sallallahu aleyhi vesellem] mutluluğu kat kat artmıştı. İki torununu kucaklayıp onlarla oynuyor, bazen omuzlarına alıp onları gezdiriyor ve,

- Onlar ne güzel biniciler, diyordu.

Kimi zamanlar, Resûlullah [sallallahu aleyhi vesellem] namaz kılarken secdeye vardığında Hz. Hasan ve Hüseyin [radıyallahu anh] gelerek omuzlarına çıkar, Resûlullah da [sallallahu aleyhi vesellem] düşmesinler diye secdeden kalkarken onları tutup hafifçe yere bırakırdı. Namazını tamamlayınca birini bir dizine, diğerini de öteki dizine alıp, her ikisinin de ellerinden tutarak,

- Bu ikisi benim torunlarımdır. Her kim onları severse şüphesiz beni de sevmiş olur. Onlara öfkelenen de bana öfkelenmiş olur. Onlar cennet gençlerinin efendisidir, derdi.

Hz. Fatıma'nın [radıyallahu anhâ], kız çocukları da olmuş ve onlara teyzelerinin anısına Ümmü Gülsüm, Zeynep isimlerini koymuştu. Hz. Fatıma [radıyallahu anhâ] ablalarının kendisini yetiştirmelerini, şefkatlerini hiç ama hiç unutmuyordu.

Zaman geçmiş ve Hz. Fatıma'nın evi, Resûlullah'ın [sallallahu aleyhi vesellem], "Benim dünyadaki reyhanlarım" dediği küçük çocuklarıyla dolmuştu.

Hz. Fatıma [radıyallahu anhâ], günden güne çocuklarının büyüdüğünü görüyordu. Aynen taze bir daldaki çiçeklerin açması gibi...

Kendisine ihsan ettiği namaz, oruç, tesbih, gece ibadetleri, fakirlere ve muhtaçlara yardım etmek gibi nimetlerden dolayı Allah Teâlâ'ya çok şükrediyor, onun bu hali günden güne daha da olgunlaşmasına vesile oluyordu.

Hz. Fatıma [radıyallahu anhâ] İslâmiyet'i tebliğ için çok çalışıyor; insanlara yardım etmek için bir oraya bir buraya koşuyordu.

Yolunu kaybetmiş kalplere yol gösteriyor, mukaddes dine yeni yardımcılar ve askerler katıyordu. O, hadiselerin içinde İslâmiyet'i yaşıyordu. Babası Resûlullah [sallallahu aleyhi vesellem] İslâmiyet'in mihveri, eşi Hz. Ali [radıyallahu anh] müslümanların kahramanı idi.

Hicretin sekizinci senesi olduğunda Resûlullah [sallallahu aleyhi vesellem] on bin kişilik bir sahabe ordusuyla Mekke'yi fethetmek üzere yola çıktı. Hz. Fatıma ve eşi Hz. Ali de bu ebedi âna şahit olmak üzere Resûlullah'la [sallallahu aleyhi vesellem] birlikte gelmişlerdi. Resûlullah'ın [sallallahu aleyhi vesellem] ve sahabelerin Mekke'ye girişlerini görmeye...

Resûl-i Ekrem [sallallahu aleyhi vesellem] Mekke'ye girdiğinde, Rabbine karşı olan alçakgönüllü oluşundan ötürü neredeyse çenesi, devesinin semerine değiyordu. Mekke'ye girdiğinde, kendisine eziyet eden, sahabelerine işkence çektiren ve davetine karşı harp ilan eden hiç kimseden intikam almadı. Bilakis, tarihin o zamana kadar kaydetmediği şu sözleri sarfetti:

- Ey Kureyş topluluğu! Şimdi size ne yapacağımı tahmin ediyorsunuz? Kureyşliler,

- Bize hayırla davranmanı bekliyoruz. Çünkü, sen kerim bir kişinin oğlu olan kerim bir insansın, dediler.

O anda Hz. Fatıma'nın gözünün önüne, sekiz sene önce nasıl Mekke'den hicret ettikleri geldi... Resûlullah

[sallallahu aleyhi vesellem] ve onun yakın dostu Hz. Ebû Bekir [radıyallahu anh], Kureyş kâfirlerinin şerrinden korunmak için gizlice Mekke'yi terk etmişlerdi...

Seneler hızla geçiyordu. Hicret hadisesinin üzerinden sekiz sene geçmiş ve ardından büyük bir fetih, Allah'ın yardımı gelmişti.

Muhacirler büyük bir coşkuyla vatanlarına dönüyorlardı. Hz. Fatıma'nın [radıyallahu anhâ] kalbini, gurbet diyarlarda yaşamış birinin vatanına dönüşünün sevinci kaplamıştı. Evine, gençliğini geçirdiği ve birçok hatırasının saklı kaldığı vatanına dönüyordu...

Mekke'ye varınca yaptığı ilk şey, annesi Haticetü'l-Kübrâ'nın [radıyallahu anhâ] kabrini ziyaret etmek olmuştu. Kabrinin başına oturunca bütün eski hatıralar gözünün önünden bir bir geçiverdi.

Resûlullah [sallallahu aleyhi vesellem] fetihten sonra tekrar Medine'ye döndü. İnsanlar gruplar halinde gelerek bu yüce dine giriyordu. İslâmiyet'in nuru hemen hemen bütün Arap yarımadasına yayılmıştı.

Hicretin on birinci senesi, Sefer ayının sonlarına doğru Peygamber Efendimiz [sallallahu aleyhi vesellem] sıtma hastalığına yakalandı. Bu hastalığı sırasında Resûlullah [sallallahu aleyhi vesellem], Hz. Âişe validemizin odasında kalıyor, tedavisiyle Hz. Âişe [radıyallahu anhâ] ilgileniyordu.

Hz. Fatıma [radıyallahu anhâ] babasının ziyaretine geliyor ve neredeyse günün tamamını onun yanında geçiriyordu. Yine bir gün Resûlullah'ı [sallallahu aleyhi vesellem] ziyaret etmek için odasına girdiğinde, hastalığının şiddetini eliyle aldığı suyu yüzüne ve başına sürerken anlamıştı. Hz. Fatıma [radıyallahu anhâ] bu durumuna daha fazla dayanamadı ve ağlamaya başladı.

- Vah başımıza gelenler! Babacığım nedir bu çektiğin sıkıntılar, diye üzüntüsünü dile getirince Resûl-i Ekrem [sallallahu aleyhi vesellem]:

- Bugünden sonra artık baban için sıkıntı yoktur, buyurdu.

Ayrıca Resûl-i Ekrem [sallallahu aleyhi vesellem] kızına, ahirete irtihalinin yaklaştığını, vefatından sonra ailesinden kendisine ilk kavuşacak olanın kendisi olduğunu işaret etmiş ve kızının cennet kadınlarının efendisi olacağı müjdesini vermişti.

***

Resûlullah [sallallahu aleyhi vesellem] vefat etmişti...

Bu haber sahabeleri âdeta bir şimşek gibi çarpmıştı. Herkes şaşırıp kalmıştı, ne yapacaklarını bilemiyorlardı. Bazıları ise Resûlullah'ın vefat ettiğine inanmıyordu. Kimi de dilini yutmuş gibi bir köşede oturuyordu.

Hz. Fatıma'nın [radıyallahu anhâ] acısı tarif edilemeyecek kadar büyüktü. Çünkü o babasına, babası da ona çok bağlıydı. Hatta Resûlullah [sallallahu aleyhi vesellem] bir yolculuktan döndüğünde önce mescide giderek iki rekât namaz kılar daha sonra hemen kızını görmeye giderdi.

Hz. Fatıma'nın [radıyallahu anhâ] dilinden, babasına veda eden, gözleri yaşartıp kalpleri hüzne boğan kelimeler dökülmeye başladı:

- Ey babacığım! Seni çağıran Rabbine icabet ettin...

Baba! Babacığım! Sana ağlamayan bir göz düşünebilmek mümkün mü?!

Babacığım! Bir an önce sana kavuşma arzusundayım; aksi takdirde keder ve hüznüm bitmeyecek asla.

Ah, Baba... Seni sevenler hem sana, hemde senden sonra bizim düştüğümüz bu gariplik ve hüzne ağlamadan edemeyecekler kıyamete değin...

Resûl-i Ekrem [sallallahu aleyhi vesellem] defnedildiği zaman Hz. Fatıma [radıyallahu anhâ] evine döndü. Hüzün kalbini parça parça ediyor, gözyaşları yanaklarından oluk oluk akıyordu.

Resûlullah'ın [sallallahu aleyhi vesellem] hizmetkârı Hz. Enes b. Mâlik [radıyallahu anh] izin isteyerek Hz. Fatıma'nın yanına geldi ve ona güzel bir sabır göstermesini söyledi. Hz. Fatıma [radıyallahu anhâ],

- Ey Enes! Resûlullah'ın üzerine toprak atmaya gönülleriniz nasıl razı oldu, dedi.

Bunun üzerine Hz. Enes [radıyallahu anh] gözlerinden yaşlar boşanarak hıçkıra hıçkıra ağlamaya başladı.

* * *

Hz. Fatıma [r.anh], babası Resûlullah'ın [sallallahu aleyhi vesellem] vefatından sonra altı ay kadar yaşadı. Vefat edeceği gün boy abdesti almış, yeni elbiseler giyinmiş ve yatağını evin ortasına sererek kıbleye doğru dönerek yatmıştı.

- Ben şimdi vefat edeceğim. Kimse benim üzerimi açmasın, dedi ve kendisini Rabbine kavuşmaya hazırladı. Gözlerini kapadı ve mübarek ruhunu teslim etti. Hicretin on birinci senesi, Ramazan ayı ve Pazartesi günüydü.

Hz. Fatıma [r.anh] vefat ettiğinde yirmi dokuz yaşındaydı...

Hz. Asiye

Mısır hükümdarı Firavun, uykusundan korku ve telaşla uyanmıştı. Yatağının kenarına oturdu. Âdeta ölüm sancısına tutulmuş biri gibi, hırıltılarla nefes alıp veriyor, bir yandan da kendini sakinleştirmeye çalışıyordu. Kafası çok ama çok karışmıştı.

Firavun'un bu telaşlı hali, Âsiye'yi de uyandırdı.

Firavun derin düşüncelere dalmıştı. Âsiye,

- Sevgili eşim, sana ne oldu? Bu ne hal, diye sordu.

Firavun, bu soruya hemen cevap vermedi. Ancak bir süre sonra kelimeler ağzından peş peşe dökülmeye başladı. Fakat Âsiye onun anlattıklarından "rüya" kelimesinden başka hiçbir şey anlamamıştı: "Korkunç bir rüya..."

- Efendim, hangi rüya? Ne rüyası?

Firavun biraz kendine geldikten sonra,

- Rüyamda bir ateşin ortaya çıktığını gördüm. Mısır'ın bütün evlerini, sarayımı yakıp yıkıyor, halkımın tamamını yok ediyordu. Onlardan geriye hiçbir şey bırakmıyordu.

- Sakin ol, korkma! Bu sadece bir rüya; gerçek değil ya! Hem böyle bir rüya seni nasıl korkutabilir ki?

Firavun,

- Bu rüyayı çok zamandır görüyorum; işte beni asıl rahatsız eden ve korkutan da bu, diye karşılık verince Âsiye,

- Korkma, sana bir şey olmaz. Hem ortada, bir şey de yok! Gördüklerin yalnızca rüyadan ibaret, hayalî şeyler. Yarın büyük kâhinin yanına gideriz, o da bize gördüğün rüyayı yorumlar, dedi.

Sabah olunca Firavun, odasına giderek, değerli

mücevherler ve incilerle bezenmiş tahtına oturdu.

Firavun, başına taktığı ihtişamlı tacı ve iri gövdesiyle insanlara heybetli bir izlenim veriyordu. Tahtı yerden dört basamak daha yukarıdaydı. Tahtının her bir yanı, vezirlerinin oturması ve kendisini ziyarete gelenlerin ağırlanması için güzel minderlerle, yumuşak halılarla döşenmişti.

Firavun herhangi birine seslendiği veya emir verdiği zaman, karşısındaki kişi, başını ve gözlerini yere eğer, el-pençe divan durur, korku içinde söylediklerini dinlerdi. Etrafındaki adamları onu, hiç kimsede bir arada toplanması mümkün olmayan sıfatlarla anıyorlar; ona taparcasına tazim ve hürmet göstererek,

- O gerçekten çok akıllı ve bütün işleri idare edebilen, bilge, basiretli, kimsenin kendisini geçemeyeceği, yenilgiye uğramayan bir komutan, milletine hayat bahşeden bir lider... diyorlardı.

Böylece insanlar onu övmeye, kendisinde bulunmayan özellikleri atfetmeyi sürdürüyorlardı.

Öyle ki Firavun, artık kendisini insanların dedikleri gibi zannetmeye başlamış, ahmakça bir azamete ve pervasız bir büyüklenmeye kapılmıştı. Kendini öyle çok beğeniyordu ki günün birinde insanların önüne çıkarak kendisinin mukaddes ve muazzam bir ilâh olduğunu; insanlara dünyadaki makamlarını ve ölümlerini tahsis eden; büyümelerini ve güçlenmelerini sağlayan, gerçek hayat ve saltanat sahibi olduğunu; söylediği hiçbir sözün geri çevrilmeyeceğini; dilediği her şeyin kayıtsız şartsız gerçekleşeceğini ve saltanatına kimsenin engel teşkil edemeyeceğini söyledi.

Firavun, insanların kendisine mukaddes bir ilâhmış gibi davrandıklarını gördükçe, yalanlarına kendisi de inanmaya başladı...

Âsiye ile konuştuğu gecenin sabahıydı. Sarayın büyük kâhini, mahviyet ve tevazu içerisinde Firavun'un yanına geldi ve önünde durdu. Zelil bakışla-

rıyla başını ona doğru kaldırdı. Sonra eğilip büzülerek, Firavun'a övgülerde bulunmaya başladı. Firavun, doğrulmasını ve kendisini dikkatle dinlemesini emrederek şöyle dedi:

- Ey büyük kâhin! Korkunç bir rüya bu... Her gece aynı rüyayı görüyorum. Korku ve telaş içinde uykumdan uyanıyorum.

Kâhin,

- Ey Firavun! Hükümdarım! Sakin olun, telaşlanmayın. Nasıl olur da korkutucu bir rüya ilâhımızı üzer, telaşlandırır, dedi.

Kâhinin bu sözleri üzerine Firavun, tapınılan bir ilâh olduğu halde bir rüyanın nasıl olup da kendisini korkutabileceğini düşündü. Toparlandı, tahtında doğruldu, arkasına yaslandı, gurur ve kibir dolu bakışlarla kâhine,

- Ben bu rüyamın tabirini öğrenmek istiyorum, dedi.

Kâhin,

- Ey ilâhımız Firavun! O halde gördüğünüz rüyayı bana anlatın, dedi.

Firavun, her gece kendisini korkularla uyandıran rüyasını kâhine anlatmaya başladı. Kâhin ise büyük bir dikkatle anlattıklarını dinliyordu.

Firavun sözlerini bitirince, manalı manalı kâhinin yüzüne baktı.

Kâhin,

- Ey Firavun! Durum çok ciddî ve tehlikeli, dedi. Firavun,

- Nasıl, diye hayretle sordu.

- Efendim, İsrâiloğulları arasında bir çocuk dünyaya gelecek. Bu çocuk hem sizin hem de halkınızın yok olmasına sebep olacak!

- Ey Kâhin! Sen bu söylediklerinden emin misin?

- Kesinlikle eminim efendim! Benim size söylediklerim rüyanızın tabiridir.

Kâhin dışarıya çıktıktan sonra Firavun, duyduklarından ötürü kederli bir halde odasında bir o yana bir bu yana gezinmeye başladı. Bu meseleyi en hızlı bir şekilde çözmek, servetini makamını korumak ve saltanatını devam ettirebilmek için çareler düşünmeliydi. Tahtının elinden gitmemesi için bir an evvel kolları sıvamalıydı. Kâhinin söylediklerini bir an olsun aklından çıkaramıyordu. Nihayet şeytanı ona bir yol göstermişti: Hem kendisinin hem de saltanatının selâmeti için İsrâiloğulları'ndan doğan bütün erkek çocuklar öldürülmeliydi...

İsrâiloğulları, Firavun'un bu kararından haberdar olmuşlardı. Nitekim onlardan kimin bir erkek çocuğu dünyaya gelse Firavun'un askerleri hemen doğum yaptıran ebelerden haber alıyor ve azgın Firavun'u hoşnut etmek için, acımasız bir şekilde bebekleri diri diri keserek öldürüyorlardı.

Hiç kimse Firavun'un bu zalimce kararına karşı gelemiyordu.

Bu zulüm bir süre böyle devam etti. Firavun, İsrâiloğulları'nın yeni doğan çocuklarını kırıp geçiriyordu. Bu acılara dayanamayan yaşlılar ise bir bir bu dünyadan göçüp gidiyorlardı.

Derken Mısırlı Kıptîler, İsrailoğullarının nüfusunun giderek azalmasından dolayı, evlerinde ve tarlalarında hizmetçi olarak çalıştıracak kimse bulamaz oldular. Bunun üzerine Firavun'a giderek,

- Ey Firavun! Eğer böyle yapmaya devam edersen İsrâiloğulları'ndan elimizde hiç hizmetçi kalmayacak, dediler.

Bunun üzerine Firavun, doğan çocukların iki senede bir öldürülmemesini emretti. Böylelikle ölüm emrinin uygulandığı yıl doğan bütün erkek çocuklar katlediliyordu. İşte Hz. Harun da bebeklerin öldürülmediği bir yılda dünyaya geldi ve kurtulanlardan oldu.

Bu arada, gözlerden uzaklarda önemli bir olayın hazırlıkları sürüyordu. Yukâbid'in doğum vakti yaklaşmıştı, ne yapacağını bilmiyordu. O, bütün gayretiyle İsrâiloğulları'nın kadınlarının hamilelik durumlarını gözetleyenlerden kendisini saklamayı başarmıştı. Bunlar, İsrâiloğulları'nın nüfuslarını denetlemekle görevlendirilmiş kimselerdi. Yukâbid hamileliğinin gizlenmesinde, ebe olan sadık bir dostuna güvenmişti. Bu kadın hamileliğinin son zamanlarında, devamlı surette gelip onu ziyaret ediyordu.

Nihayet Yukâbid, bir erkek çocuk dünyaya getirdi; güzel mi güzel bir bebekti bu... Adını Musa koydu. Çok sevinmişti, âdeta dünyalar onun olmuştu. Ancak bu güzel çocuğun da sonunun ölüm olacağı aklına gelince, sevinci pek uzun sürmedi. Onu Firavun'un casuslarından nasıl gizleyecekti? Saatler ilerledikçe, yavrusunun elinden alınıp götürüleceği korkusu kalbinde biraz daha artıyordu. Yavrusunu koruyamayacağının farkındaydı. Çaresizliğinden ötürü, neredeyse aklını yitirecekti.

Ne yapacağı hususunda kendisine doğruyu ilham etmesi için edep ve tevazuyla Allah Teâlâ'ya yalvarmaya, yavrusunu Firavun'un zulmünden kurtarıp himaye edebileceği bir yol göstermesi için dua etmeye başladı. O kadar çok dua etti ki sonunda yorgun ve halsiz düştü. Yavrusunu kaybetme korkusunun verdiği hüzün onu halsiz düşürmüştü. Yorgunluktan uykuya yenik düştü; içine düştüğü bu sıkıntılı halden kendisini rahatlatacak bir yardım gelmesi ümidiyle uykuya daldı.

Yukâbid uyandığında kalbinde büyük bir rahatlama hissetti. Üzerindeki bütün keder ve üzüntü kalkmıştı. Sanki ne yapması gerektiğini biliyordu...

Kızına seslenip hemen ufak bir sandık getirmesini söyledi. Bebeğini sandığın içine koydu. Merhamet ve şefkatle yavrusunu bir kez daha kucakladı, öptü. Annesinin gözyaşlarıyla Hz. Musa'nın yüzü ıslanmıştı. Sonra sandığı Nil nehrinin sularına bıraktı. Nil'e bırakılan sandığı dalgalar sakince taşımaya başladı.

Yavrusunu Nil'e bırakıp onun nereye gittiğini bilemeyen anne, ayrılık acısının verdiği üzüntü ile ağlıyordu.

O Allah ki annesinin kalbine sabır ve yakîn nurunu vermişti. Allah'a dayandı, O'na güvendi... Ayrılığın acısına ancak böyle tahammül edebiliyordu.

Annesi bir umutla, Hz. Musa'nın kız kardeşinden, Nil'in kıyısından giderek sandığı takip etmesini, bir an olsun gözünü ayırmamasını istemişti. Böylelikle Nil'in dalgalarının onu nereye götüreceğini öğrenebilirdi belki.

O gün Firavun ve hanımı Âsiye, Nil'in kenarında oturmuş kuşluk vakti güneşin göz alıcı güzelliğini seyrediyor, etraflarındaki bağ-bahçelerden kopup gelen bahar serinliğinde dinleniyorlardı. Etraflarında hizmetçiler, cariyeler ve saray ahalisinden bazı kişiler de vardı.

Âsiye'nin gözü birden Nil'in kenarından yüzüp gelmekte olan bir nesneye ilişti. Giderek yaklaşan şeyin nihayet ne olduğu anlaşıldı; bu tahta bir sandıktı. Âsiye hizmetçilerinden birine seslenerek suda yüzen sandığı hemen kendisine getirmesini emretti.

Âsiye sandığı açtığında hiç beklemediği bir şeyle karşılaştı; daha süt emme yaşında nur topu gibi bir bebek! Güzel yüzlü, parlak gözlü...

Bebek bir anda herkesin ilgi odağı oldu. Ona bakan herkes,

- Şu bebeğin güzelliğine bir bakın! Hangi taş yürekli insan onu suya atabilir ki, diyordu. Oradaki herkes bebekle ilgileniyordu. Kimisi onunla oynuyor; kimisi güldürüyor; kimisi de onu sırtına alıyor ya da havalarda uçuruyordu.

Âsiye bebeği kucağına alarak kocası Firavun'a götürdü. Katı kalpli Firavun bebeği gördüğünde hiçbir şey hissetmemişti. Âsiye'ye,

- Bu bebeğin yüzü Kenanlılara benziyor! Bu, İsrâiloğulları'nın çocuklarından olmalı. Daha yeni doğmuş. Acaba askerlerimin elinden nasıl kurtuldu, diye söylenmeye başladı.

Bu sözleri işiten Âsiye kocasına,

- Onu öldürmeyin! diye bağırdıktan sonra,

- Ben onda yüksek ve parlak bir zekâ, emsallerine nazaran da bir üstünlük görüyorum; hem o bizim için bir teselli kaynağı olur. Bakarsın ileride bize faydası da dokunur yahut onu evlat edinebiliriz, diye devam etti.

Firavun, Âsiye'nin isteklerini geri çevirmezdi. Bu bebeği ne kadar çok istediğini görünce bebeğin ona verilmesini emretti. Böylelikle Hz. Musa -Allah'ın izniyle- Firavun tarafından öldürülmekten kurtulmuştu.

Âsiye kucağına aldığı bebeğe merhametle bakıp düşünmeye başladı. Şefkatle saçlarını okşuyordu. Allah [celle celâluhû] kalbine bu bebeğin muhabbetini yerleştirmişti. Sanki kendisinin daha yeni dünyaya getirdiği bebeğiydi... Birdenbire bebek, yüksek sesle avazı çıktığı kadar bağırmaya başladı. Âsiye kâh susması için ona şarkılar kâh uyuması için ninniler söylüyordu ama nafile, bebek bir türlü susmuyordu. Evet, bebek açtı ve kendisini emzirecek birine ihtiyacı vardı. Bu sebeple, onu emzirecek bir kadının bulunması için şehirlere haber yollandı.

Bebeği emzirecek bir kadın bulundu. Kadın aç olan ve susmak bilmeyen bebeği kucağına aldı. Onu emzirmek istedi, ancak bebek bir türlü memesini kabul etmiyordu. Bir daha teşebbüs etti, fakat bebek kadının sütünü emmemekte ısrar ediyor ve ağlamaya devam ediyordu.

Âsiye hizmetçilerine,

- Başka bir kadın bulunması için haber yollayın, dedi.

İkinci bir sütanne daha geldi, o da acıkmış olan bu bebeği emzirmeye çalıştı. Ancak o da başarılı olamadı. Bebek onun da memesini almıyor ve ağlamaya devam ediyordu.

Âsiye hizmetçilerine bağırarak,

- Sütanne olabilecek ne kadar kadın varsa hepsini buraya getirin! Yoksa bebeğin ölmesinden korkuyorum, dedi.

Sütannelik yapabilecek ne kadar kadın bulabildilerse hepsini getirdiler. Herbiri ayrı ayrı açlıktan kıvranmakta olan bu bebeğe süt vermek için uğraşıyor, fakat bebek emmemekte ısrar ediyordu.

Âsiye, bu hanımların da sütünü emmeyen ve açlıktan ağlayan bu bebek için ne yapacağını şaşırmıştı. Eli ayağı tutmaz olmuştu artık.

Hz. Musa'nın kız kardeşi, onun nehre bırakılışından Âsiye'nin eline geçene kadar geçen her anı takip etmişti. Nil'in kenarında olan sarayın eşiğinden hiç ayrılmamıştı. Kardeşinin hiçbir kadının sütünü emmediğini işitmiş, Hz. Musa'yı annesine kavuşturmak için eline çok güzel bir fırsat geçtiğini farketmişti. Hemen Âsiye'nin huzuruna giderek,

Size, onun bakımını namınıza üstlenecek, hem de ona iyi davranacak bir aile göstereyim mi, dedi (Kasas 28/12).

Âsiye,

- Tamam! Çünkü çocuğun bağırması kalbimi parçalıyor, ağlaması bana hüzün ve acı veriyor, dedi.

Hz. Musa'nın kız kardeşi aceleyle saraydan çıkarak eve gitti. Annesine oğlunun kurtulduğu müjdesini verdi. Olan biten her şeyi anlattıktan sonra annesini, elinden tutup Firavun'un sarayına getirdi.

Âsiye, bebeği annesi Yukâbid'e uzattı. Annesi onu eline alır almaz bebek ağlamayı bıraktı, sesini kesti.

Bebek annesine olan hasretiyle onu koklamaya, emmek için başını bir sağa bir sola çevirmeye başladı. Annesinin göğsünü bulunca ağzını dayadı ve kana kana emdi.

Âsiye bu kadının gelmesine çok memnun olmuştu. Onun sütannelik yapmaya uygun biri olduğunu anlayınca da kendisine, sarayda kalıp bu bebeğe sütannelik yapması teklifinde bulundu.

Hz. Musa'nın annesi, Âsiye'nin teklifini kabul etti. Oğluyla birlikte Firavun'un sarayında gerçekten aziz ve hürmet gören biri oldu. Gece gündüz oğlunun yanından ayrılmıyordu. Ayrıca Âsiye'nin kendisine gösterdiği sevgiyle de sarayda rahat ve huzurlu bir hayat sürdürüyordu.

Sarayın küçük çocuğu Hz. Musa, annesinin şefkati ve Kraliçe Âsiye'nin sevgisiyle herkesin gönlünde taht kurmuştu. Rahat ve ferah içerisinde büyüyordu.

Günün birinde Firavun, babaların oğullarıyla oynadığı gibi Hz. Musa ile oynamak istedi ve onu kucağına aldı. Fakat Hz. Musa onun sakallarından tutup kuvvetlice çekiştirmeye başladı. Firavun, onun bu yaptığından ötürü neredeyse aklını kaçıracaktı. Çok ama çok öfkelenmişti.

Bu hadisenin yaşandığı esnada, saray kâhinlerinden biri Firavun'un yakınında bulunuyordu. Firavun'un yanına gelerek,

- Efendim, öyle tahmin ediyorum ki bu çocuk ileride mülkünüzün ve tahtınızın elinizden gitmesine sebep olacak olan çocuktur, dedi.

Saray kâhinleri, bu çocuğun askerlerin elinden, öldürülmekten kurtulan İbrânili, İsrâiloğulları'ndan biri olduğu hususunda aralarında konuşuyorlardı.

Kâhinin bu sözleri Firavun'un kalbine vesvese düşürmüştü; malını, tahtını ve saltanatını kaybetme korkusu...

Firavun,

- Bu çocuğu alın ve hemen şuracıkta öldürün, diye emir verdi.

Âsiye hemen yerinden fırladı ve,

- Küçük çocuğun öldürülmeyi hak edecek ne günahı var, diyerek çıkıştı. Firavun,

- Bana yaptıklarını ve benimle nasıl da alay ettiğini görmüyor musun? dedi. Âsiye,

- O daha henüz bir bebek! Ne yaptığını bilmiyor, dedi. Firavun,

- Hayır... Bu çocuk, ileride benim mahvolmama sebep olacak; yoksa kâhinin dediklerini işitmedin mi, diyerek onu azarladı.

- Ey aziz eşim! Ey pek sevgili hükümdarım! Sakin bir şekilde tekrar düşünün; bu henüz bir sabî, aklı ermez ki! Hem sana bunu ispatlayacağım. Bir tabağa birkaç parça yakut, diğer bir tabağa da yine birkaç parça ateş koru koyacağım. Eğer ateş korlarını bırakır da yakutlara uzanırsa, o akıllı bir çocuktur, onu öldür. Yok, eğer yakutları bırakıp da elini ateşe uzatırsa, anla ki o daha aklı ermeyen bir çocuktur.

Firavun,

- Tamam, bu güzel bir fikir, deyip teklifini kabul etti.

Tabaklar getirildi. Allah [celle celâluhû] Hz. Musa'nın elini ateşe uzatmasını diledi. Zira bu onun kurtuluşu olacak, Firavun'un sarayında Âsiye'nin kanatlarının altında büyüyecek ve âdeta onların oğullarıymış gibi muamele görecekti. Sonra büyüyüp genç bir delikanlı ve Hz. Âsiye'nin gözünün nuru olacaktı...

Gün geldi Hz. Musa büyüdü; cesur, zeki, ferasetli bir genç oldu. Kendisinin, Firavun ve onun halkının zulmüne karşı direnmekle vazifelendirilmiş İsrâiloğulları ırkından biri olduğunu anlamıştı. Onlara şefkat ve merhamet gösteriyor, ancak bunu gizli yapıyordu. Firavun ve adamlarının kendisini yakalamalarından çekiniyordu. Kimi zamanlar gizli gizli başkent Menf'e gidiyor ve kavmi İsrâiloğulları'nın dertleriyle ilgileniyordu.

Yine bir gün şehre inmişti; iki adamın birbiriyle kavga ettiklerini gördü. Biri kendi kavmi İsrâiloğulları'ndan, diğeri de Firavun'un halkı yani Mısırlılar'dandı. İsrâiloğulları'ndan olanı devamlı yardımlarına koşan Hz. Musa'yı görür görmez kendine yardım etmesi için çağırdı. Hz. Musa zor durumda kalan bu adamı kurtarmak için Mısırlı'nın göğsüne vurdu. Bu vuruş o adamın yaşamının sona ermesine neden olmuş; adam oracıkta yere yığılmış ve ölmüştü. Hz. Musa çok güçlüydü ve kuvvetli bir bünyeye sahipti.

Hz. Musa, yaptığına pişman olmuştu. Çünkü asıl maksadı Mısırlı'yı öldürmek değildi. Yalnızca onları birbirinden ayırmayı istemişti.

Bu olayın ertesi günü, Hz. Musa şehirde gezerken dün kendisinden yardım isteyen kişinin bir başkasıyla kavga ettiğini gördü. Adam Hz. Musa'yı görünce ondan tekrar yardım istedi. Bunun üzerine Hz. Musa, Mısırlı ile diğerini birbirinden ayırmak için onlara doğru yöneldi. Hz. Musa'nın üzerlerine geldiğini gören İsrâiloğulları'na mensup adam onun kendisine bir düşmanlık edeceği zannıyla, Mısırlı Kıptî'nin önünde,

"Ey Musa! Dün bir cana kıydığın gibi bana da mı kıymak istiyorsun? Sen ıslah edenlerden olmak değil, ancak yeryüzünde bir zorba olmak istiyorsun, dedi" (Kasas 28/19).

Böylelikle bu adam, Mısırlı'nın önünde, dün öldürülen kişinin katilini ifşa etmiş oldu. Firavun'un askerleri, dün olay yerine gelmişler, ancak Mısırlı'yı öldürenin kim olduğunu tespit edememişlerdi.

Firavun bu haberi alınca hiddetlendi, öfkelendi ve Hz. Musa'nın yakalandığı yerde öldürülmesini emretti. Firavun'un hizmetinde, Allah'a iman etmiş bir adam vardı. Hızla harekete geçerek Firavun'un kendisini öldürteceği haberini Musa'ya ulaştırdı ve Firavun'un ulaşamayacağı emin bir beldeye gitmesini tavsiye etti. Bunun üzerine Hz. Musa, Mısır'dan epey uzak bir şehir olan Medyen'e doğru yola çıktı.

Burada salihlerden birinin (Şuayb peygamber) yanında kaldı ve iki kızından biriyle de evlendi. Medyen'de tam on sene kalarak kayın babasının evinde ona hizmet etti.

Bu uzun süre içerisinde Hz. Âsiye, Hz. Musa'dan ayrı kalmıştı. Onu bir kere olsun görebilmeyi o kadar çok istiyordu ki... Kavuşmaya olan iştiyakı günden güne artıyordu. Bu arzusunu hiçbir zaman yitirmiyor, hep onun yollarını gözlüyordu.

Hakkında bilgi edinmek için haberciler gönderiyor, bıkmadan usanmadan sorup soruflturuyordu.

Günün birinde Musa [aleyhisselâm] bir gürültüyle sarayın kapısına geldi. Aşağıdan gelen ne olduğu anlaşılmayan yüksek sesleri işiten Âsiye, derhal ne olup bittiğini öğrenmesi için birini gönderdi. Birkaç dakika sonra hizmetçi geldi,

- Musa [aleyhisselâm] ve kardeşi Harun [aleyhisselâm] sarayın kapısına gelmişler, Firavun'la görüşmek istiyorlarmış, dedi.

Hz. Âsiye hemen kalktı ve Firavun'un olduğu odaya gitti. Musa'nın [aleyhisselâm] ve kardeşi Harun'un [aleyhisselâm] bu şekilde gelmeleri onu telaşlandırmıştı. Çünkü Mısır'ı terkeden bu genç, on sene boyunca hiç bir nedenle ülkesine gelmemişti. Yıllar sonra döndüğünde olgunlaştığının belirtisi olarak üzerinde bir mükemmellik, vakar ve heybet görünüyordu. Onun heybetini ve celâlini gören gözler kamaşıyordu.

Âsiye hemen Hz. Musa ile kocası Firavun'un arasına girdi, onları birbirleriyle barıştırmak, işi bir çözüme kavuşturmak istiyordu.

Musa [aleyhisselâm] ve Harun [aleyhisselâm], Firavun'un karşısına dikilince, Firavun ne istediklerini sordu. Musa [aleyhisselâm],

- Allah [celle celâluhû] beni, insanların hidayeti ve onları yaratıp rızıklarını veren Allah'a kulluk etmeleri hususunda, doğru yolu göstermek için bir elçi ve peygamber olarak gönderdi. Şimdi seni yaratan, sana sağlık, afiyet, makam ve saltanat gibi daha pek çok sayısız nimetler veren Allah'a iman etmeye davet ediyorum, dedi.

Firavun, Hz. Musa'nın sözlerini dinledikten sonra,

"Biz seni çocukken himayemize alıp büyütmedik mi? Hayatının birçok yıllarını aramızda geçirmedin mi?" dedi (Şuara 26/18).

Musa [aleyhisselâm],

- Beni sarayında yetiştirdiğini, ailenin arasında büyüttüğünü inkâr etmiyorum. Fakat şu var ki Allah Teâlâ, beni insanları hidayete ve saadet yollarına ulaştırmam için peygamber olarak seçmiştir. Bugün senin yanına Cenâb-ı Hakk'ın emriyle, İsrâiloğulları'na eziyet etmekten vazgeçmen, onları serbest bırakman ve benimle birlikte Şam'a gelmelerine müsaade etmen için geldim.

Firavun ve onun halkı olan Kiptîler, Hz. Musa [aleyhisselâm] ve kardeşi Hz. Harun'un [aleyhisselâm] halkı olan İsrâiloğulları'nı köle gibi kullanıp çalıştırıyor, eziyet ediyorlardı. Kundaktaki bebeklerin öldürülmesi ise felâketin en acımasız boyutuydu...

Firavun, Hz. Musa'nın isteklerine cevap vermek yerine sözü değiştirdi:

"*Âlemlerin Rabbi dediğin de kimdir?*" diye sordu. Hz. Musa,

"*Eğer işin gerçeğini düşünüp anlayan kişiler olsanız, (itiraf edersiniz ki) O, göklerin, yerin ve ikisi arasında bulunan her şeyin Rabb'idir*" diye cevap verdi. Onun bu sözlerine Firavun alaylı sözlerle gülmeye başladı. Etrafında bulunan saray ileri gelenlerine,

"*Şunun ne dediğini işitiyor musunuz?*" diye sordu.

Hz. Musa [aleyhisselâm] Firavun'un bu alaylı sözlerine sert çıkışarak,

"*Âlemlerin Rabbi, sizin de Rabb'iniz, sizden önce geçmiş atalarınızın da Rabb'idir*" dedi.

Firavun, çevresindekilere bakarak,

"*Size gönderilen peygamberiniz şüphesiz delidir*" dedi.

Hz. Musa [aleyhisselâm] ise Firavun'un sözlerine hiç aldırış etmiyor ve Rabb'ini anlatmaya devam ediyordu:

"*Şayet aklınızı kullansanız [anlarsınız ki], O, doğunun, batının ve ikisinin arasında bulunanların Rabb'idir.*"

Firavun, Hz. Musa'nın anlattıklarından ve Allah'a imana davetinden hiçbir şey anlamıyormuş gibi görünmeye çalışıyordu. Orada tekrar ilâhlığını ilân etti. Hz. Musa'ya tehditler savurarak,

"Benden başkasını tanrı edinirsen, and olsun ki seni zindanlık ederim, dedi" (Şuarâ 26/23-29).

Hz. Musa [aleyhisselâm] ise Firavun'u imana davet etmekten vazgeçmemişti. Firavun'u ikna etmek için yaptığı konuşmaların, çeşitli delillerin âciz kaldığını görünce mucizeye başvurmayı diledi ve,

"Ben sana apaçık bir şey getirmiş olunca da mı beni zindana atacaksın!" diye seslendi.

Firavun,

"Eğer doğru söylüyorsan, haydi getir onu, dedi" (Şuarâ 26/30-31).

Hz. Musa [aleyhisselâm] yürürken dayandığı asasını yere atar atmaz, asa bir anda âdeta ejderha kadar büyük ve korkutucu bir yılan oluverdi. Kraliyet odasında bulunan bütün herkesi bir korku kapladı, hatta kendisinin ilâh olduğunu iddia eden Firavun bile ne yapacağını şaşırdı. Şaşkınlıktan tahtında ezilip büzülüyor, bir o yana bir bu yana kıvranıyordu. Kalbini büsbütün bir korku bürümüştü. Bir müddet sonra Hz. Musa [aleyhisselâm], yılanın önüne geçti ve kafasından tuttu; yılan birden eski haline dönerek, bir asa oluverdi. Orada bulunanlar henüz kapıldıkları dehşet halinden ayılamamışlardı ki Hz. Musa [aleyhisselâm] elini koltuğunun altına koyup çıkardı. Eli nur gibi parlıyordu, o koskoca saray bile apaydınlık olmuştu. Hz. Âsiye, olan biten bu şaşırtıcı sahneleri hayret ve ibretle seyrediyordu.

O, Hz. Musa'nın Allah'tan getirdiği şeylerin doğruluğunu anlamıştı. Çünkü onun hiçbir zaman yalan söylediğini görmemişti. O, övgüye mazhar sıfatları ve yüce ahlâkıyla ne güzel bir gençti. Hz. Musa'nın bu ikinci gelişiyle kalbinde bir huzur ve hoşnutluk hissetmişti. Hz. Âsiye, Hz. Musa'nın [aleyhisselâm] dönmesini tam on yıl beklemişti.

Bütün bunlara rağmen Firavun, Hz. Musa'ya ve onun tebliğ ettiklerine iman etmemişti. Üstelik Allah Teâlâ'nın, Hz. Musa'nın eliyle gösterdiği mucizelerin de sihirden ibaret şeyler olduğunu iddia etmişti.

Firavun, yardımcılarına ülkenin her yanındaki bütün sihirbazların toplanıp saraya getirilmesini emretti. O zamanlar Mısır'da pek çok sihirbaz bulunuyordu.

Firavun'un gayesi, kendi söylemiyle Hz. Musa'nın sihirlerini bütün insanların önünde altetmekti. Bu sebeple Hz. Musa'ya bir haber göndererek, sihirbazları ile karşılaşması için istediği bir günü seçmesini söyledi. Hz. Musa bütün insanların bir araya toplanabileceği bir bayram gününü seçti.

Sözleşilen gün gelmişti. Hz. Musa, şehir meydanına geldiğinde o kadar çok insan toplanmıştı ki Firavun'un sihirbazlarıyla karşılaşmasını seyretmeye gelen kalabalığı meydan almamıştı. Sihirbazlar, Hz. Musa'nın karşısına geçmiş hep birlikte saf tutmuştu. Yanlarında ipleri ve değnekleri vardı. Sihirbazlar, giydikleri kıyafetleri ve görünüşleriyle izleyenleri korkutuyorlardı.

Sihirbazların reisi ileri çıkarak Hz. Musa'nın önünde durdu,

"Ey Musa! Marifetini ya sen ortaya koy veya biz koyalım, dedi" (A'râf 7/115).

Musa [aleyhisselâm] onlara,

"Ne atacaksanız atın, dedi" (Şuarâ 26/43).

Bunun üzerine bütün sihirbazlar, halkın önüne çıkarak ellerindeki ipleri ve değnekleri yere attılar. Yaptıkları sihirden ötürü hepsi birer yılana dönüştü. Meydan, âdeta yılanlarla kaplanmıştı. Herkes yapılan sihirden, bunların hareket ettiklerini zannettiler. Hz. Musa [aleyhisselâm] insanların onlara inanacağından endişe ederek korkmaya başladı. Acaba kendinin göstereceği mûcize onlarınkine galip gelecek miydi?

Allah [celle celâluhû] hemen peygamberinin kalbini teskin ederek,

"Korkma, sen muhakkak daha üstünsün. Sağ elindekini at da onların yaptıklarını yutsun. Yaptıkları sadece sihirbaz düzenidir. Sihirbaz ise nereye varsa (ne yapsa) iflah olmaz" diye vahyetti (Tâhâ 20/68-69).

Hz. Musa [aleyhisselâm], elindeki asayı yere bırakınca birden korkutucu ve ürkütücü koca bir yılana dönüştü. Meydanı dolduran sihir ürünü yılanların yanına sürüne sürüne giderek, hepsini teker teker yutmaya başladı. İnsanlar hayretler içerisinde bunu seyrediyorlardı. Sihirbazlar ise dehşete kapılmışlardı; önlerinde olup bitenin ilâhî bir mucize olduğunu, göz aldatmasından ibaret bir sihir olmadığını anlamışlardı. Bütün sihirbazlar Allah Teâlâ'ya secde ederek,

"Harun'un ve Musa'nın Rabbi'ne iman ettik" dediler (Tâhâ 20/70).

Firavun ve etrafındakiler, sihirbazların Allah Teâlâ'ya secde ettiklerini, Musa [aleyhisselâm] ve Harun'un [aleyhisselâm] Rabb'ine teslim oluşlarını bütün halkın önünde ilân ettiklerini görünce şaşırıp kaldılar. Firavun avazı çıktığı kadar bağırmaya başladı ve,

"Ben size izin vermeden mi O'na inandınız? Doğrusu size sihri öğreten, büyüğünüz odur. And olsun ki, ellerinizi ve ayaklarınızı çaprazlama keseceğim, sizi hurma kütüklerine asacağım. Hangimizin azabının daha çetin ve daha devamlı olduğunu bileceksiniz" dedi (Tâhâ 20/71).

Fakat kalpleri iman nuruyla dolan ve imanın tadını hisseden sihirbazlardan hiçbiri, Firavun'un bu tehditlerine aldırış etmedi. Hepsi birden ona,

"Seni, bize gelen açık mucizelere ve bizi yaratana tercih edemeyiz. Öyle ise yapacağını yap! Sen, ancak bu dünya hayatında hükmünü geçirebilirsin. Bize, hatalarımızı ve senin bize zorla yaptırdığın büyüyü bağışlaması için Rabbimiz'e iman ettik. Allah hem daha hayırlı hem daha bâkidir" dediler (Tâhâ 20/72-73).

Bu sözler üzerine Firavun, başkalarına da ibret olması gayesiyle bütün sihirbazları öldürttü. Fakat insanlar, hakikati anlamışlar ve Firavun'un ilâhlık davasının sahte olduğunun farkına varmışlardı.

"Onun yaptığı yalan üstüne yalan, insanların akıllarıyla alay etmek ve onları hafife almak..." diyorlardı.

Hz. Âsiye de sarayın balkonundan olup bitenleri seyrediyordu. Kalbi, hep Hz. Musa ile beraberdi. Sihirbazların secde ettiklerini ve Allah'a iman ettiklerini görünce,

- Hz. Musa'nın ve Hz. Harun'un Rabb'ine ben de iman ettim, dedi.

Firavun, hanımı Hz. Âsiye'nin de Allah'a iman edenlerden olduğunu öğrendiğinde öfkesinden neredeyse delirecekti. Dünyada kendisine en yakın olan birine ne yapacaktı? Hemen, bütün vezirlerini ve

diğer yardımcılarını toplayarak bu hususta onlarla istişare yaptı.

- Hanımım Âsiye hakkında neler biliyorsunuz, diye sordu.

- Çok iyi bir kadındır. Akıllı ve hikmet sahibi biridir, dediler.

Firavun,

- Peki, onun benden başkasına ibadet ettiğini bilseydiniz, görüşünüz nasıl olurdu? diye sordu. Heyet,

- Öldürün ve ondan kurtulun, dedi.

Firavun, Hz. Âsiye'nin ellerinin ve ayaklarının iplerle bağlandıktan sonra göğsünün üzerine büyük bir kaya konulmasını emretti. Gardiyana, eğer dininden geri dönerse iplerini çözmesini söyledi. Âsiye herkesin görebileceği bir yerde bu işkenceye tâbi tutuldu. Bu işkence birkaç gün sürdü.

Bir gün Hz. Musa [aleyhisselâm] onun yanına uğradı. Hz. Âsiye'nin hâlâ elleri kolları bağlıydı; feci bir azaba uğramıştı. Hz. Âsiye konuşamıyordu, el hareketiyle bir şeyler işaret etti. Hz. Musa, onun ne demek istediğini anlamıştı. Ellerini açtı ve Allah Teâlâ'ya acılarının hafiflemesi için dua etti. Allah [celle celâluhû] onun duasını kabul etti; Âsiye artık hiçbir şey hissetmiyordu, ne acı ne de sızı...

Allah [celle celâluhû] Hz. Âsiye'yi güzel sabrından dolayı mükâfatlandırdı; gözünden perdeleri kaldırdı, cennetteki sarayını görmüştü.

- Bunlar kime azap veriyor, işkence ediyorlar! Ellerinden geleni yapsınlar; ben cennetteki sarayımı ve mevkimi gördüm, dedi. Ardından ruhunu teslim ederek bu dünyadan ayrıldı.

Hz. Âsiye validemiz işkenceler altında can verirken,

"Rabbim! Katından bana cennette bir ev yap; beni Firavun'dan ve onun işlediklerinden kurtar; beni zalim milletten kurtar" (Tahrîm 66/11) diye yalvarmış, Allah [celle celâluhû] onun bu seslenişine icabet etmişti.

Hz. Sümeyye

Güneş, bir kez daha tüm ziyası ve nuruyla yeryüzünü aydınlatmak için doğuyordu. Etrafında sıralanan yüksek dağlarla âdeta kuşatılan Mekke şehrinin kenar mahalleleri yavaş yavaş hareketlenmeye başlamıştı bile.

Sümeyye, Mekke eşrafından birine ait büyük ve geniş bir evin avlusunda oturmuştu. Büyük, siyah bir koyundan süt sağıyordu. Kara koyunu sağdıktan sonra başka bir koyunu sağmaya koyuldu. Süt kabını doldurmak için uğraşıyordu.

Sümeyye, süt sağmayı bitirince kovayı yere bıraktı ve hizmetçilerden birine seslendi.

Hizmetçi, hemen Sümeyye'nin yanına geldi.

Sümeyye süt kaplarını işaret ederek,

- Şu sütleri al ve Efendimiz Ebû Huzeyfe için yiyecek bir şeyler hazırla. Ben ekmekleri pişirmeye gidiyorum, dedi.

Sümeyye, geniş avlunun en uç köşesinde bulunan küçük fırına doğru yürüdü. Fırının etrafında, ağızları temiz, beyaz bez parçalarıyla kapatılmış büyük kaplar vardı.

Kaplardan birinin ağzını açarak içinden bir parça hamur aldı ve önündeki küçük masaya koydu. Fırının hararetini geçirmeden ekmeği pişirebilmek için elindeki hamuru, büyük bir maharetle hızlı hızlı açmaya başladı. Ardından yaptığı yumakları çabucak fırına sürüverdi.

Fırın ateşinden yükselen alevler ve duman, üst tarafındaki delikten dışarı çıkıyor; serin serin esen sabah

rüzgârıyla Sümeyye'nin yüzüne doğru geliyordu. Bu ağır dumanın tesiriyle Sümeyye'nin gözlerinden yaşlar akmaya başlamıştı.

Kızarmaya başlayan ekmeklerin kokusu giderek her tarafı sardı. Sümeyye, pişmiş ekmekleri fırından çıkarıp düzgün bir şekilde büyük sepetin içine dizdi.

Sümeyye işini bitirmek üzereydi ki başka bir hizmetçi, elinde büyük bir tencereyle yanına geldi. Sonra elindeki tencereyi sıcak fırına sürdü.

Sümeyye de ekmek sepetini kucaklayıp eve gitti. Çok geçmeden diğer hizmetçi de fırında pişirdiği yemeğin tenceresini içeriye getirdi.

Sümeyye elindeki ekmekleri ve yemek tenceresini çeşit çeşit yiyeceklerle donatılmış büyük sofraya yerleştirdi.

Sofranın hazırlanması için gereken bütün işleri tamamlanmıştı. Diğer hizmetçilerden sofrayı evin efendisinin oturduğu yere taşımalarını istedi. Bunun üzerine iki hizmetçi sofrayı alarak yere kıymetli ve güzel bir halının serilmiş olduğu, duvar kenarları yastık ve minderlerle döşeli olan büyük odaya götürdüler.

Sofra kurulduktan sonra ev sahibi ve misafirler, büyük odaya gelerek minderlere oturdular. Heybeti ve ağırbaşlılığıyla dikkat çeken yaşlı bir adam da ortalarında oturuyordu.

Hizmetçi, Sümeyye'ye yaklaştı ve büyük odayı işaret ederek sordu:

- Sümeyye, bu misafirler de kimler böyle?

Sümeyye:

- Onlar dün Yemen'den gelen Arap tüccarlar. Efendimiz Ebû Huzeyfe'nin her yıl düzenli olarak verdiği ziyafete bu yıl davet edilen tüccarlar, diye cevap verdi.

Hizmetçi şaşkınlığını gizleyemeyerek,

- Efendim Ebû Huzeyfe ne kadar da cömertmiş, dedi.

Sümeyye:

- Unutma ki o, Mahzumoğulları'nın Efendisi'dir. Kabilesinin şanı, onun sayesinde Araplar arasında yayılmış ve böylece Mahzumoğulları diğer kabileler arasında büyük itibara sahip olmuştur. Ticaret yapmak amacıyla şehir şehir seyahat eden tüm kafileler, gittikleri her yerde Ebû Huzeyfe'nin kereminden, cömertliğinden bahsederler, dedi.

- Sümeyye, gerçekten doğru söyledin. Çünkü Araplar, bir kişiyi insanlığı ve cömertliğiyle ölçerler. Kerem ve cömertlik, her insanın kazanmak istediği güzel ahlâklardır, dedi.

Bu sırada Sümeyye, yanındaki hizmetçiye işaret ederek,

- Sessiz ol! Efendimiz Ebû Huzeyfe misafirleriyle çıkıyor, dedi.

Hizmetçi, ürkek bakışlarla açılan kapıyı gözetlerken Sümeyye de aceleyle bir adım geriye çekildi. Efendisi Ebû Huzeyfe misafirlerini uğurlamadan önce bir emri olabilir diye kulak kesiliyordu.

Ebû Huzeyfe misafirlerini kapıya kadar uğurladı. Bu esnada Sümeyye'ye dönerek,

- İlâhlarımız olan putlara göndereceğimiz kurbanlıkları ve hediyeleri unutma! Hediyelerimizi sunalım ki bizlerden hoşnut olsunlar, dedi.

Sümeyye tebessüm etti ve kendinden emin bir şekilde,

- Efendim, siz rahat olun! Ben her şeyi eksiksiz hazırladım. Birazdan gidip bizi berekete kavuşturacak, ilâhlarımızın hoşnutluğunu kazandıracak hediyeleri bizzat kendi ellerimle takdim edeceğim, dedi.

Sümeyye, başının üzerine koyduğu koca bir sepetle Mekke sokaklarında ilerlemeye başladı. Sepet, ilâhlara takdim edilecek hediyelerle doluydu.

Yolda önüne kattığı birkaç koyunu güden bir köle ile karşılaştı. Bu çobanın kendisini takip ettiği hissine kapılmıştı. Çobanın beline sardığı kuşağın altından büyükçe bir bıçağın sarktığını farketti.

Kendisine çok uzun gelen bu yürüyüşten sonra nihayet Kâbe görünmüştü; parıltısı uzaktan fark edilebiliyordu...

Kâbe'nin çevresinde, çeşitli büyüklükte farklı şekillerde onlarca put diziliydi. Etrafında toplanmış insanlar getirdikleri kurbanlıkları ve hediyeleri takdim ediyorlardı.

Küçük bir merasim grubu, Kâbe'nin yakınında duran büyük putun yanında duruyordu. Bu put, uzunluğu ve iriliğiyle diğerleriyle kıyaslanamayacak kadar

büyüktü. Sümeyye getirdiği sepeti, titizlikle bu putun önüne koydu. Sonra sükûnet ve huşu içerisinde dizlerinin üzerine çöktü. Ellerini birbirine bitiştirip puta doğru uzattı; yalvarış ve yakarışla dua etmeye başladı.

Duasını tamamlayınca ayağa kalktı. Kendisini sessizce gözetleyen çobanın maksadını anlamıştı. Para kazanabileceği bir iş çıkar beklentisiyle dolaşıyordu. Sümeyye çobandan kurbanları kesmesini istedi.

Genç adam, koyunlardan birini alarak büyük putun önüne kadar sürükledi. Bıçağını sıyırdı ve koyunu kesti. Ardından diğer koyunları getirerek onları da birer birer kesti. Sonra hepsini büyük putun ayaklarının dibine yığdı.

Bıçağını yavaşça sildikten sonra kuşağına soktu.

Sümeyye, cebinden içi para dolu bir kese çıkarıp kendisine yaklaşan çobana doğru atıverdi. Çoban, anlaşılmayan kelimelerle bir şeyler mırıldanıyordu. Keseyi görür görmez yere eğilip aldı. Aceleyle keseyi açtı.

Çoban öyle açgözlüydü ki, parlayan altınları görünce gözleri faltaşı gibi açılmıştı.

****

Gece, yavaş yavaş Mekke'ye karanlık perdesini indiriyordu. Sümeyye, büyük evin kandillerini teker teker yakmaya başladı. Kandillerden süzülen ışıklar, odalara âdeta neşe saçıyordu. Sanki mekân, gelmesini beklediği ziyaretçiler için hazırlanıyor, gece kendisini bürüyen hakikatin dile gelmesini bekliyordu.

Sümeyye bir ara gözden kayboldu. Kısa bir süre sonra, elinde büyük bir buhurdanlıkla çıkageldi. Yanan buhurlardan yayılan misk kokulu dumanlar etrafa dağılıyordu. Ebû Huzeyfe'nin evindeki bu kokular çok meşhurdu. Evden yayılan misk kokuları, Şam, Yemen ve daha pek çok yerden gelen seçkin tüccarları Ebû Huzeyfe'nin evine çekerdi.

Sümeyye buhurdanlıkla bütün odaları teker teker dolaşmaya başladı. Buhurdanlıktan tüten misk kokulu dumanların evin dört bir yanına dağılması için geziniyordu.

Derken büyük odanın ortasında durup, buhurdanlığı yere bıraktı. Perdeleri çekti. Buhurdanlığı alıp sessizce odadan çıktı ve kapıyı sıkıca kapattı. Ardından evin diğer odalarından birine girdi.

Birdenbire evin kapısının önünden geçen yolcuların sesleri duyulmaya başlandı. Sümeyye alelâcele koşup kapıyı açtı. Ebû Huzeyfe içeri girdi ve kapının önünde bekleyen misafirlerine bakarak,

- Buyurun... Buyurun içeri girin! Ev, sizin evinizdir, dedi.

Sümeyye, yabancılara görünmeden hızla bir kenara çekildi. Misafirler odaya geçince dış kapıyı kapattı. Daha sonra misafirlerin arkasından yürüdü. Son olarak Ebû Huzeyfe de odaya girince kapıyı yavaşça çekerek kapattı.

Oda öyle güzel döşenmişti ki gördükleri manzara karşısında misafirlerin dilleri tutulmuştu âdeta.

Sümeyye kapının dışında durmuş, efendisinin emirlerini beklemeye koyulmuştu. İçeride konuşulanları rahatlıkla duyabileceği bir mesafedeydi. Misafirlerle ev sahibi arasında samimi bir muhabbet ve dostluk havası esmeye başlamıştı.

Sümeyye, içerideki sohbetin her kelimesini işitebiliyordu. Misafir tüccarlar, aslında üç kardeşlerdi. Bir kardeşleri kaybolmuştu. Onu aramak için Yemen'den gelmişlerdi.

Fakat Sümeyye kendisini ilgilendirmeyen hiçbir haberle ilgilenmezdi. O, etrafında olup bitenlere kafa yoran kimselerden değildi.

Aradan geçen zaman ona bir ömür kadar uzun gelmişti. Artık beklemekten usanmış; evin geniş koridorunda ileri geri yürümeye başlamıştı. Fakat çok geçmeden yorgun düşüp büyük odaya yakın bir yere oturuverdi.

Derken Sümeyye, efendisinin kendisine seslendiğini işitti. Sıçrayarak ayağa kalktı. Göz kapaklarını ağırlaştıran uykusunu üzerinden atmak için gözlerini ovaladı. Büyük odanın kapısına usulca yaklaştı, ağır ağır içeriye girdi. Uyku halinden henüz ayılamamıştı. Neredeyse hiçbir şeyi net göremiyordu.

Sümeyye, bir yandan efendisi Ebû Huzeyfe'nin vereceği emirleri dinlerken, bir yandan da farkettirmemeye çalışarak misafirlere göz gezdirdi. Sümeyye için bu üç kişinin Mekke'nin yabancısı olduğunu anlamak hiç de zor olmamıştı. Yüzleri, Mekke'nin alışılmış simalarından değildi. Bu misafirlerin, bir önceki gün efendisinin ziyafetine gelen Yemen tüccarlarının kafilesiyle gelmiş olabileceklerini tahmin ediyordu. Bu esnada Ebû Huzeyfe,

- Sümeyye, haydi misafirlere yemek ikramına başla, dedi.

Sümeyye, efendisinin bu sözleriyle daldığı düşüncelerden bir anda sıyrıldı. 'Peki' anlamında başını salladı. Arkasını döndü. Zayıf, cılız bir sesle,

- Hemen efendim, getiriyorum, dedi. Ardından sakin adımlarla odadan çıktı.

Bu sırada Ebû Huzeyfe kibar, neşeli ve muhabbetli tavırlarla misafirleriyle sohbet etmeye devam ediyordu.

Bir süre sonra Sümeyye edepli bir şekilde içeriye girdi. Başı elinde taşıdığı tencereye doğru öne eğikti.

Bir ara Sümeyye'nin bakışları üç kardeşten en küçüğüne ilişti.

İsmi Yâsir olan genç bu üç kardeşin en küçüğüydü. Oldukça esmer, uzun boylu ve iri cüsseli bir gençti. Geniş omuzlarından kuvvetli ve güçlü biri olduğu anlaşılıyordu.

Yâsir, Sümeyye'nin bakışlarında farklı bir şeyler sezmişti sanki. Sümeyye'ye doğru baktı. Bir anda bakışları birbiriyle çakışıverdi.

Yâsir, esmer, uzun boylu, bakışlarında edep ve hayâ yüklü olan bu genç kadında, kendisini etkileyen bir şey olduğunu hissetmişti.

Bu kadına karşı tuhaf, karışık duygular uyanmıştı içinde. Daha önce hiç görmediği halde sanki onu çok uzun zamandır tanıyor gibiydi...

Sümeyye'nin elleri titriyordu, yemekleri masaya koydu. Sonra hızlı adımlarla odadan çıktı, ayakları birbirine dolanıyordu. O sırada efendisi Ebû Huzeyfe, Sümeyye'ye baktı, ardından bakışlarını Yâsir'e çevirdi.

Yâsir anlamlı tebessümlerle gülümsüyordu.

Kardeşler, yemeklerini bitirmişti. Ebû Huzeyfe oturduğu yerden doğruldu. Uzanıp aldığı kâseyi ağzına götürürken iki büyük kardeşe bakarak,

- Kaybettiğiniz kardeşinizi aramak için kalmaya mı karar verdiniz yoksa aramaktan vaz mı geçtiniz, diye sordu.

En büyük kardeş,

- Artık burada kalmaya gerek olmadığını düşünüyorum. Tahminimizce o, buraya hacılarla beraber gelecektir. Belki onu bu sayede bulabiliriz. Fakat öyle görülüyor ki bu bizi bir hayli uğraştıracak, dedi.

Sonra Ebû Huzeyfe, Yâsir'e dönerek sözlerini tamamladı:

- Ancak Yâsir burada kalmayı isterse, bu onun bileceği bir şeydir.

Ebû Huzeyfe bir eliyle Yâsir'in omuzunu tutup,

- Yâsir, ne güzel! Ben, sende kardeşine karşı büyük bir vefa ve sevgi görüyorum. Hem burada kalırsan ilerde seni yanıma alırım. İşlerimde bana yardımcı olursun. Ben de yaşadığım müddetçe sana yardım eder, destek olurum, dedi.

Bu sözleri işiten Yâsir'in yüzünde neşe ve mutluluk belirdi. Ebû Huzeyfe'yi kucaklayarak sarıldı:

- Efendim! Yaptığınız bu iyiliği hayatım boyunca unutmayacağım, dedi.

Ebû Huzeyfe, mütevazı bir karşılık verdi:

- Bilakis, sen gerçekten vefakâr ve hoş birisin. Bundan daha fazlasına layıksın.

* * *

Yâsir, ağabeylerini Mekke'nin kenar mahallelerine kadar uğurladı. Sahrada ağır ağır ilerleyen kafileyi, gözden kaybolana kadar seyretti. Sonra tek başına Mekke'ye döndü. Kardeşlerinden ayrıldığı için büyük bir hüzün kaplamıştı kalbini...

Yâsir, Mekke'nin çarşısına giderek Ebû Huzeyfe ve pek çok eşrafın birlikte oturdukları yere geldi. Ebû Huzeyfe onu görünce hürmetle karşılayıp selâm verdi.

Yanına oturttu ve:

- Yâsir, beni dinle! Senin hakkında gerçekten çok düşündüm. Yanımda kalıp benimle beraber çalışmanın hayırlı olacağı kanaatine vardım. Senin gibi birine ihtiyacım var: İnsancıl, vakarlı, cesaretli, vefakâr ve asil birine, dedi.

Ebû Huzeyfe söylediklerinin Yâsir'deki etkisini görmek için bir müddet sustu. Ardından,

- Hem daha sonraları sana ikamet edeceğin bir ev ile çalışıp kazancını temin edebileceğin bir iş de bulurum, diye ekledi.

* * *

Ebû Huzeyfe, Yâsir'de eşsiz bir insaniyet ve vefa görmüş, onun insanlara huzur ve güven veren bir kimse olduğunu hissetmişti.

Zamanla Ebû Huzeyfe, Yâsir'de gördüğü zekâ ve üstün nitelikler hususunda yanılmadığını anladı. Onun sayesinde kendi meclisine gelen pek çok kabile reisinden ve eşraftan daha üstün bir konuma gelmişti.

Artık Ebû Huzeyfe, Yâsir'le sık sık bir araya geliyordu. Birlikte dostluk ve kardeşlik üzerine sohbet ediyorlardı.

Aralarında güçlü bir sadakat bağı kurulmuştu. Bu bağ gün geçtikte daha da sağlamlaşarak büyüyor ve derinleşiyordu.

Yâsir, zamanının çoğunu çalışmakla geçiriyor, geçimini kazanmak için didinip duruyordu. Bir yandan da kendisine yardımcı olacak, yalnızlığını giderecek, acı ve tatlı gününde yanında olacak bir hayat arkadaşı aramaya başlamıştı. Fakat utandığı için bu durumu bir türlü Ebû Huzeyfe'ye açamıyordu. Çünkü bu düşüncesi, onun hizmetçilerinden kendisine en yakın olan ve çok kıymet verdiğini bildiği biriyle alâkalıydı.

Ebû Huzeyfe dostunun kalbinde olan bitenleri hissediyor gibiydi. Bir gün Yâsir, Ebû Huzeyfe'nin yanına geldi. Artık bu meseleyi açmaya kararlıydı.

Ebû Huzeyfe, daha ilk karşılaştıkları andan itibaren Yâsir'in Sümeyye'ye, Sümeyye'nin de ona olan meylini

biliyordu. Zaten kendisi de onların evlenmelerini münasip görüyordu.

Sümeyye'nin kendi yanında özel bir yeri vardı. Aynı şekilde Yâsir de, tanıştıkları günden itibaren Ebû Huzeyfe'nin kalbinde özel bir yer edinmiş olan, sevdiği ve saydığı bir dostuydu. Şüphesiz her ikisi birbirlerine pek yakışıyorlardı.

Birbirleri için yaratılmışlardı sanki.

Beşeriyetin tanıdığı en mukaddes bağ olan sevgi, onları birbirlerine bağlıyordu.

Yâsir niyetinden söz etti. Dostu Ebû Huzeyfe'nin de kendisinin Sümeyye ile evlenmesinin hayırlı olacağını düşündüğünü işitince sevincini gizleyemedi. Gönülden arzuladığı cevabı almıştı.

***

Düğün merasimi vakit geçirilmeksizin gerçekleştirildi. Her şey ne çabuk tamamlanıvermişti. Bundan sonra Sümeyye mutlu, neşe dolu bir hayat sürmek için Yâsir'in evinde yaşayacaktı.

Yâsir, Sümeyye'ye karşı şefkatli, sadık, ihlâslı, temiz kalpli, şuurlu ve hissiyatlı bir eş olmuştu. Sümeyye de ihlâslı, nazik, merhametli, hayatın meşakkat ve zorluklarına aldırmayan, eşinin hayatını hoşnutluk ve saadetle dolduran bir hanımdı.

Ebû Huzeyfe bu evliliğe en çok sevinenler arasındaydı. Bu evlilik sayesinde Yâsir'e duyduğu alâka ve yakınlık daha da artmıştı. Ebû Huzeyfe, Yâsir için âdeta şefkatli bir babaydı. Sümeyye'ye olan merhameti pek büyük; şefkati ve sevgisi sonsuzdu.

Kısa bir süre sonra Sümeyye'nin Ebû Huzeyfe'ye söylemeye hayâ ettiği mutlu bir haber vardı. Huzeyfe bu haberi Yâsir'den işitince bu iki gence karşı olan sevgisi, ilgisi bir kat daha artmıştı:

Hz. Sümeyye hamileydi. İlk çocuğunu dünyaya getirmeyi bekliyordu

Ebû Huzeyfe, bu haberi dinlerken öyle mutlu olmuştu ki dünya daha evvel kendisine hiç bu kadar geniş ve ferah gelmemişti. Sevincinden Yâsir'e sarılıp kucakladı. Baba olacağı için tebrik etti. Yâsir ise aralıksız aynı kelimeleri tekrarlayıp duruyordu:

- Evet, Sümeyye hamile! Dostum, yakında baba olacağım...

Ebû Huzeyfe, Yâsir'i sıkı sıkı kucaklayıp bağrına bastı.

- Yâsir, demek yakında baba oluyorsun! Acaba neden Sümeyye bu haberi bana kendisi vermedi? Bu kadın ne çabuk benden alâkasını kesti böyle! Nasıl oldu da kalbi, bu durumu benden gizlemeye tahammül edebildi, diye söylendi.

Ebû Huzeyfe müteessir bir halde bu sözleri mırıldanıyordu. Derken elleriyle göz çanaklarına dolan yaşları gizlemeye çalışarak sildi.

Yâsir ise neşe ve mutluluk içinde,

- Ebû Huzeyfe! O kadınların en utangacıdır. Sen Sümeyye'yi iyi tanır ve senin onun nazarında ne derece kıymetli olduğunu bilirsin, diyerek teselli verdi.

Ebû Huzeyfe, Yâsir'in elini kuvvetlice samimi bir şekilde sıkarak,

- Haydi… Haydi, sen evine git artık. Bu günden sonra Sümeyye'nin uzun müddet evde tek başına kalmaması gerekir, dedi.

* * *

Günler birbiri ardına hızla geçivermişti. Fecrin aydınlığı, yeni bir günün doğuşunu bildiriyor, sabahı müjdeleyen ışıklar ufku aydınlatıyordu. Bu gün doğumu Sümeyye için en aydınlık günün başlangıcıydı. Dokuz ayın sonunda giderek şiddetlenen sancıları, evladının doğum vaktinin geldiğini işaret etmişti.

Yâsir ve Ebû Huzeyfe, evin geniş koridorunda oturmuş endişe ve heyecan içerisinde bekleşiyorlardı.

Birkaç kadın Sümeyye'nin odasına sık sık, hızlıca girip çıkıyordu. Etrafı derin bir sessizlik bürümüş, bekleyiş yerini derin endişelere bırakmıştı.

Birden gecenin bütün sessizliğini parçalayan bir ses yükseldi. Yâsir, derhâl ayağa kalktı; gözlerini büyük odanın kapısına dikti, başka hiç bir yeri görmüyordu. Derken içeriden, kollarını sıvamış bir kadın çıktı.

Tebessüm ve neşeyle,

- Yâsir, müjde! Ebû Huzeyfe, sana da müjde! Sümeyye pek güzel bir erkek çocuk dünyaya getirdi, dedi.

Bu haberin sevinciyle birbirlerinin boynuna sarıldılar. Ardından Yâsir hemen kapıya doğru yöneldi. Süratle içeriye girerek yatağında sessiz, sakin bir şekilde yatan eşi Sümeyye'ye yaklaştı. Şefkat ve özlemle kucakladı. Alnından tane tane süzülen soğuk terleri sildi.

Artık Sümeyye'nin yanında yatan küçüğe iltifat etmenin zamanı gelmişti. Yâsir, bebeğine uzandı ve gayet yavaş bir şekilde kaldırdı. Büyük bir sevgiyle yavrusunu seyretti... Neredeyse mutluluktan uçacaktı. Küçük oğlunu öptü ve yavaşça annesinin yanı başına bıraktı.

Ebû Huzeyfe ise odanın kapısında durmuş Yâsir'i düşünüyordu. Sevincinden dudaklarında tebessümler beliriyordu. Bir eliyle kapıya dayanarak,

- Sümeyye, Allah'a hamdolsun ki, sağlığın sıhhatin yerinde, dedi.

Sümeyye başını hafifçe Ebû Huzeyfe'ye çevirerek kısık, cılız bir sesle,

- Efendim gördünüz mü? Ne güzel bir çocuk, öyle değil mi? Tıpkı Yâsir'e benziyor...

Ebû Huzeyfe, vakur bir edayla ağır ağır içeri girdi. Bir yandan da yeni doğan yavruya bakıyordu. Sonra derinden bir sesle,

- Sümeyye! Artık bundan sonra ben senin efendin değilim. Bu andan itibaren bir köle olmayacaksın. Sen ve yavrun artık hürsünüz, dedi.

Sümeyye kulaklarına inanamıyordu; gözlerini iyice açarak Ebû Huzeyfe'ye baktı. Bir şeyler söylemek için dudaklarını araladı fakat kelimeler dudaklarında donup kaldı. Konuşmaya takati yoktu.

Yâsir de çok şaşırmıştı, mutluluktan gözlerinin içi parıldıyordu.

Ebû Huzeyfe küçük bebeğe işaret ederek,

- Bu güzel yavruya hangi ismi koyacaksınız, diye sordu. Yâsir hemen yanıt verdi:

- Ona 'Ammâr' ismini vereceğiz.

Sümeyye ve Yâsir, çocuklarının dünyaya gelmesiyle engin bir mutluluğa erişmişlerdi. Sümeyye'nin ve yavrusu Ammâr'ın kölelikten azat olması da bu mutluluğu kat kat arttırıyordu.

Ne var ki bu mutluluk pek uzun sürmedi. Çünkü Ebû Huzeyfe kısa bir zaman sonra vefat etti. O, Mekke'nin çetin şartlarına ve hayatın türlü zorluklarına karşı bu küçük aile için güçlü bir dayanak ve yardımcıydı.

Yaşantıları tümüyle değişmişti. Artık mazide kalan günlerdeki gibi huzurlu ve emniyette değillerdi. Kabilenin yeni reisi Ebû Cehil'den aynı şefkati göremiyorlardı.

Ebû Cehil, sert ve taş kalpli biriydi.

Onun kalbinde şefkat ve rahmete giden hiçbir yol yoktu. Kendisinin herkesten üstün olduğuna inanırdı. Kendince o, tartışmasız bir şekilde bu kabilenin efendisiydi. Bütün hizmetçileri, köleleri ve çalışanları onun isteklerini yerine getirmek; emirlerine itaat etmek için yaratılmışlardı.

Adamlarından biri geciktiği ve bir işi yapmakta tembel davrandığı zaman onu, efendisine muhalefet ettiği ve emirlerini yerine getirmekte kusur işlediği için 'en adî adam' sayardı.

* * *

Yıllar durmaksızın akıp geçiyordu... Zaman, yaşanmış pek çok şeyin izlerini tümüyle silmişti. Sümeyye'nin yüzünde ve bedeninde geçmişe dair, senelerin çizdiği derin kıvrımlardan ışıyan güzellik ibarelerinden başka hiçbir şey kalmamıştı. Artık yürümeye bile gücü yoktu, kalın bastonunu elinden bırakamıyordu.

Yâsir de epey yaşlanmıştı. İhtiyarlık saçına sakalına sirayet etmiş, zaman belini bükmüştü. Yaşlılığın pek çok hastalık ve ağrıları bedenini kuşatmıştı.

Ammâr ise delikanlı olmuştu. Gücü ve kuvvetiyle babasının gençlik zamanlarını andırıyordu. Hatta Sümeyye, oğlu Ammâr'ın çehresine her baktığında, Yâsir'le karşılaştığı ilk günleri anımsardı.

Bir gün Sümeyye, yine oğlu Ammâr'ın yüzüne bakarken derin düşüncelere daldı. Geçmişte kalan anılarını ve rüya gibi gelip geçen güzel günleri hatırladı.

Uzun uzun iç geçirdi... Sanki geçip giden zaman içerisinde geride bıraktığı ömründe yaşadığı hatıraların hasretini çekiyor gibiydi.

Sümeyye eski hatıralara dalmış; farklı düşünceler arasında âdeta kaybolmuştu. Ammâr'ın kendisine söylediklerini dahi duymuyordu.

Ammâr hayretle annesinin yüzüne bakarak,

- Sana ne oldu anne? Bir şeyin mi var yoksa, diye sordu.

Annesi birdenbire irkildi. Dalgın bir edayla,

- Ammâr, sen ne diyordun, diye karşılık verdi.

- Mekke'de herkesin konuştuğu hadiseden bahsediyorum.. Şehirdekiler, Yahudi rahiplerinin ve Hıristiyan ruhbanlarının pek yakın bir zamanda Araplar arasından

yeni bir peygamber çıkacağına dair bir haberi, etrafa yaydıklarını konuşuyor.

Sümeyye,

- Şimdi sen bizim şehrimizde, Hz. İsa ve Hz. Musa gibi bir peygamberin çıkacağını mı kastediyorsun, diye sordu.

- Evet anne! Aynen böyle diyorlar. Ayrıca kutsal kitaplarda onun sıfatlarının yazılı olduğunu; geleceğini bildiren alâmetlerin de gerçekleştiğini söylüyorlar.

- Ammâr! Şüphesiz bu, Arapların hayatındaki en büyük hadise olacak.

- Kim bilir? Belki de onun gelişi çok yakında gerçekleşir.

* * *

Sümeyye ve oğlu arasında geçen bu konuşmanın ardından çok geçmemişti ki İslâm'ın nuru Mekke'de doğdu. Hz. Muhammed'e [sallallahu aleyhi vesellem] vahyolunan hak din, hızla yayılmaya başladı. Yâsir ve ailesi, bu yeni dine giren ilk müslümanlar arasındaydı. İnsanların imanlarını gizledikleri bir zamanda, İslâm henüz tüm şehre yayılmamışken Hz. Muhammed'in davetine icabet ederek iman etmişlerdi.

Hz. Sümeyye [radıyallahu anhâ], İslâm'a ilk girenlerin yedincisiydi. O sıralar bir hayli yaşlı ve güçsüzdü. Fakat o, sinesinde çarpan genç bir kalbe ve atik bir ruha sahipti.

Müslümanlar, Resûlullah'la [sallallahu aleyhi vesellem] buluşmak; ondan dinin emirlerini öğrenmek; onun edep ve ahlâkından nasiplenmek için, müşriklerin gözünden uzak bir yerde bulunan Erkâm'ın evine gidip geliyorlardı.

Fakat Kureyş'in gözleri, Müslüman olanları devamlı izliyordu. Müşrikler arasında, Yâsir ile ailesinin ve diğer bazı güçsüz Mekkelilerin Allah'a [celle celâluhû] ve Hz. Muhammed'e [sallallahu aleyhi vesellem] iman ettikleri haberi yayılmıştı.

Bu haberler, Mahzumoğulları kabilesinin reisi Ebû Cehil'e çok çabuk ulaşmıştı. Ebû Cehil öfkeden kudurmuştu, delirecekti neredeyse...

Kölelerinden bazılarını yollayarak onların bu hadiseden geri durmaları gerektiğini, aksi takdirde azabın en şiddetlisini tattıracağını bildirmişti.

İmanlarından vazgeçmeyeceklerini öğrenince adamlarına hemen Hz. Yâsir [radıyallahu anh] ile ailesinin hapsedilmesini ve akılları başlarına gelene dek zincirlerle bağlı tutulmasını emretti.

Yâsir ve ailesi, kendilerine yapılan her türlü işkenceye ve eziyete karşı sonsuz bir sabırla mukavemet gösteriyordu. Bu durum, Ebû Cehil'in bu zayıf ve kimsesiz aileye karşı duyduğu öfkeyi artırıyor, gazabını daha da şiddetlendiriyordu.

Ebû Cehil ve yandaşları, sırtlarına inecek ilk kırbaç darbesiyle bu dinden geri döneceklerini zannetmişlerdi.

Yapılan onca işkenceye ve çektikleri azaba rağmen hâlâ bu dine tutunmaya devam etmelerindeki sırrı bir türlü idrak edemiyorlardı.

Bu kadar işkence ve azaba nasıl, ne için tahammül edilirdi ki? Bu durum neyin nesiydi böyle...

Ebû Cehil, müslümanların direnerek, kendisinin kuvveti ve saltanatıyla alay ettiklerini düşünüyordu. Onları şahsi düşmanı olarak görüyordu. Bu güçsüz ve kimsesiz Müslümanlara karşı âdeta savaş açmıştı.

Bir gün öğle vakti adamlarına, elleri kolları kelepçelerle bağlı olan Hz. Yâsir [radıyallahu anh] ile ailesinin, Mekke dışındaki çöle çıkarılmasını emretti. Yaz mevsimiydi ve çok sıcak bir gündü. Müşriklerden bir grup da Hz. Yâsir'in ailesine neler olacağını ve dinlerinden nasıl döneceklerini görmek için buraya gelmişlerdi.

Ebû Cehil, asıl mücadelesinin bu güçsüz insanlara değil, Hz. Muhammed'e [sallallahu aleyhi vesellem] karşı olması gerektiğini biliyordu. Fakat o, hiçbir yardımcıları olmayan bu kimsesiz insanlara yaptığını, Hz. Muhammed'e [sallallahu aleyhi vesellem] yapacak kadar güçlü değildi. Bu nedenle bütün kin ve öfkesini bu insanlardan çıkarmaya çalışıyordu.

İlâhî rahmet ve şefkat bu aileyi büsbütün kuşatmıştı. Resûlullah [sallallahu aleyhi vesellem], bedenleri çölün kızgın kumlarına yatırılarak işkence ve eziyet edilen Yâsir ve ailesinin yanına zaman zaman geliyordu. Sabırlı olmaları ve davalarına sımsıkı sarılmaları hususunda cesaretlendirerek,

- Yâsir ailesi! Sabredin... Zira size vaat edilen yer cennettir, diyerek müjdeler veriyordu.

Kırbaçlar birbiri ardına Hz. Yâsir ve ailesinin [r.anhum] omuzlarına iniyordu.

İşkence edenlerin haykırış sesleri, acı ve sızı dolu çığlıklara karışarak sahrada yankılanıyordu.

Müşriklerin şefkat ve merhametten eser bulunmayan kalbinde, insaf adına en ufak bir kıpırdanma dahi yoktu.

Nihayet Hz. Yâsir'in [radıyallahu anh] o zayıf bedeni işkenceye daha fazla dayanamadı. Narin vücudu vurulan kırbaç darbelerinin ve üzerine konan ağır taşların altında yıkıldı, ruhu semaya yükseldi...

Ebû Cehil ve yandaşları, elleri kolları bağlı olarak ruhunu teslim eden Hz. Yâsir'in [radıyallahu anh] cansız bedenine bakakaldılar. Yaşlı ve zayıf bir adamı bile dize getirmekten aciz olduklarını görünce öfkeden deliye dönmüşlerdi. Hz. Yâsir [radıyallahu anh] ise, onların işledikleri bu cürümlere şahit olarak Rabbine kavuşmuştu. Teslim olup zillete düşmemiş; müslüman olarak şehid olmuştu.

Ebû Cehil derhâl Hz. Sümeyye'ye [radıyallahu anhâ] döndü. Elleri kolları bağlı yaşlı anneye, oğlunun gözleri önünde bütün kin ve öfkesini dökmeye başladı. Annesine edilen işkenceleri gördükçe Hz. Ammâr'ın [radıyallahu anh] acısı kat kat artıyordu. Yapabileceği hiçbir şey yoktu... Az önce babasına yapılanlara engel olamadığı gibi şimdi de annesi için elinden birşey gelmiyordu.

Tahammül edilmesi mümkün olmayan tüm bu vahşi işkenceler karşısında Hz. Sümeyye'de [radıyallahu anhâ] ilâhî bir kuvvet tecelli etmişti. Ebû Cehil, elleri kolları zincirlerle bağlı, ihtiyar, zayıf bir kadından böylesine bir tahammül ve mukavemet görmeye dayanamıyordu...

Öfkesi giderek arttı, damarlarındaki kan kaynamaya başladı. Delicesine bir hışımla mızrağını Hz. Sümeyye'ye [radıyallahu anhâ] doğru yöneltti. Sonra mızrağı havaya kaldırdı. Hz. Sümeyye, güneşin ışığında parlayan mızrağa bakakaldı. Mızrak kendisine yaklaştıkça nefes alıp vermesi sıklaşıyor, kalbinin atışları hızlanıyordu.

Bir anda mızrak, kuvvetli ve sert bir şekilde Hz. Sümeyye'nin [radıyallahu anhâ] yorgun ve zayıf bedenine saplanıverdi. Ardından sahranın dört bir yanından yankılanan acı bir haykırış yükseldi Hz. Sümeyye'nin dudaklarından...

Hz. Sümeyye'nin [radıyallahu anhâ] yorgun bedeni,

ruhunu teslim etmeden evvel kuvvetli bir şekilde titredi.

Ebû Cehil gözlerini iyice açarak Hz. Sümeyye'nin hareketsiz duran cesedine baktı. Korku ve şaşkınlık içerisindeydi, olanlara inanamıyordu.

Hz. Yâsir [radıyallahu anh] gibi Hz. Sümeyye [radıyallahu anhâ] de artık hür olmuştu… İkisi de onun zulmünden, azgınlığından kurtulmuşlardı. Ebû Cehil'in artık onlara yapabileceği hiçbir şey yoktu.

Her şeye rağmen bu zayıf, ihtiyar kadın, zulme karşı direnerek teslimiyeti, imânî kuvveti ve sağlam inancıyla Ebû Cehil'i kahretmişti…

Hz. Rümeysa

Tatlı tatlı esen rüzgârla ağaçların dalları hafifçe sallanıyordu. Yaprakların çıkardığı seslere kuşların nazlı ötüşleri eşlik ediyor, böylece bahçede eşsiz bir nağme dile geliyordu. Ağaçlar ve kuşlar, mutluluklarını bahçenin sahipleriyle paylaşıyorlardı sanki.

Mevsimlerden kış olmasına rağmen güneşli, aydınlık bir gündü. Ufuk alabildiğine berraktı. Gökyüzünde tek bir bulut bile görünmüyordu.

Yaprakların arasından nazikçe sızan güneş ışığı, ağacın altında oturan genç bir kız ve arkadaşlarının üzerine süzülüyor, onlarla neşeli oyunlar oynuyordu.

Genç kız, arkadaşlarının oluşturduğu halkanın ortasında oturuyordu. Yüzü, yanaklarını bürüyen hayâ perdesinin güzelliğiyle kırmızı gülleri andırıyordu âdeta. Ağaç dalları arasından süzülen güneş, genç kızın yüzünün aydınlığına aydınlık katıyordu.

Genç kızın arkadaşları, onunla şakalaşıyor, birbirlerini incitmeden yaptıkları

latifelere hep birlikte gülüyorlardı. Gülüşlerini, uçan kuşların şirin ötüşleri tamamlıyordu.

Bu genç kız Rümeysa'ydı. Beni Neccâr kabilesinin ileri gelenlerinden Halid oğlu Melhan'ın kızı Rümeysa. Medine'de çağrılan künyesi ve daha çok bilinen adıyla Ümmü Süleym...

Ve o gün, Rümeysa'nın düğün günüydü. Kendisine eş olarak seçilen kişi ise Malik'ti; Nadr bin Malik. Rümeysa'nın babası Melhan, Malik'i iyi huylu, güzel ahlâklı ve zeki olduğu için kızına eş olarak tercih etmiş, onun, kendi ailesiyle akraba olmasını uygun bulmuştu. Malik sahip olduğu üstün vasıflarıyla diğer yaşıtlarından ayırt ediliyordu. Rümeysa da çocukluğundan beri güzel ahlâkı ve üstün zekâsı ile bilinirdi. Onu eskiden beri tanıyanlar bu özelliklerini çok iyi bilir; onunla yeni tanışanlar ise daha tanışır tanışmaz bunu hemen fark ederdi.

Bu nedenle Medine gençlerinden pek çoğu, Rümeysa ile evlenmeye talip olmuşlardı. Ancak babası, Rümeysa gibi değerli bir mücevhere eş olabilecek denli ahlâklı birisini bu gençler arasında göremediği için bütün taliplileri nazikçe geri çevirmişti. Nihayet, tıpkı kızı gibi üstün hasletlere sahip olan Malik, kızına talip olunca hiç tereddüt etmeksizin evlenmelerine rıza göstermişti.

Genç kızların bahçede kendi aralarında tatlı bir muhabbete koyuldukları sırada düğüne katılan diğer hanımlar, içeriden Rümeysa'ya seslendiler. Rümeysa, hayâ duygusunun verdiği mahcup bir edaya bürünerek, arkadaşlarının arasından usulca ayrıldı. Kendisini çağıran sese, eve doğru koşmaya başladı. Çiçeklerin arasında kanat çırpan bir kır kelebeğini andırıyordu.

Arkadaşları da onun ardı sıra koşmaya başlamış, birlikte, neşe içinde uçar gibi içeri girmişlerdi.

Rümeysa doğruca, komşularından biri olan iri görünümlü bir hanımın yanına vardı, önüne oturdu. Yere bir örtü yayan hanım, büyük siyah bir çantayı açtı ve içerisinden birkaç eşya çıkardı. Rümeysa'nın başındaki yazmasını çıkarıp, uzun saçlarını büyük bir özen ve nezaketle taramaya başladı. Saçlarını güzellik yağları ve misk kokularıyla ovdu; zarif yüzünü gelin süsleriyle süsledi. Komşu hanım, görevini bitirdiğinde bir genç kızın gelin olması için yapılması gereken her şey tamamlanmıştı.

Ağır ağır bir deve ilerliyordu Medine sokaklarında. Üzeri ipekli kumaşlarla, rengârenk süslerle bezenmiş bir hevdeç taşıyan bir deveydi bu. Dört bir yanını insanlar çevrelemişti.

Çocuklar ve gençler neşeyle etrafında dolaşıyordu. Önünde bir grup siyahî oyunlar oynuyor, yolun her iki yanında meraklı gözlerle sıralanmış insanlara harika bir gösteri zevki yaşatıyor, kendilerini hayranlıkla seyrettiriyordu.

Deve yol alırken kalabalık artıyor, eline meşalesini, üzerine süslü elbisesini alan herkes düğün alayına katılıyordu. Tören alayının en arkasında, ellerinde defleri, dillerinde kasideleriyle kadınlar yürüyordu.

Dışarıda tüm bu kutlamalar yapılırken Hz. Rümeysa, ara ara hevdecin ipek örtüsünü aralıyor, meşale taşıyanlara, gösteri yapanlara şöyle bir göz gezdiriyor sonra hemen örtüyü kapatıyordu. Gönlü muhabbetle dolup taşıyor, içi içine sığmıyordu.

Düğün alayı, önünde geniş bir avlusu olan büyük bir eve vardı. Avlu meşalelerle çevrilmiş, çeşit çeşit süslerle bezenmişti. Halinden ve yere kadar uzanan elbisesinden varlıklı biri olduğu anlaşılan bir adam ileri çıkmıştı.

Sakin bir tavırla yularından tutup deveyi dikkatlice diz çöktürdü. Sonra devenin üzerinde gelinin oturduğu hevdece yönelerek, bir eliyle örtüyü araladı. Elini, mahcubiyeti yüzünden okunan gelinin elini tutmak için uzandı. Utangaç bir tavırla elini uzatan gelinin elinden tuttu, deveden inmesine yardım etti.

El ele tutuşan gelin ile damat birlikte merasim alanının ortasından geçerek eve girdiler. Ardından misafirlere ikramda bulunulmaya başlandı.

Bu düğün, Rümeysa ile Malik'in yıllarca sürecek olan mutlu hayatlarının başlangıcıydı. Evliliklerinin devamında Allah [celle celâluhû] onlara, Enes isminde güzel bir çocuk nasip etti. Böylece yuvalarının huzurunu artırmış, birbirlerine olan bağlılıklarını daha da kuvvetlendirmişti.

Enes'in büyüdüğü yıllar, Medine şehrinin birçok olayla çalkalandığı bir dönemdi. Evs ve Hazreç gibi şehrin önde gelen iki büyük kabilesi arasında şiddetli çatışmalar yaşanıyordu. Kabileler arasındaki çekişmelerin ve sayısız savaşların yaşanmasının nedeni, kimin Medine şehrinin reisi olacağı hususunda anlaşamamalarıydı.

O yıllarda Medine'de oldukça canlı bir ticarî hayat vardı. Ticaret için diğer şehirlere kervanlar düzenleniyordu. Özellikle Mekke'ye giden kervanlar, ticaret açısından önemli oldukları kadar sosyal hayat ve iletişim açısından da önem taşıyordu. Bu ticaret kervanları aynı zamanda elçilik vazifesi görüyor, Mekke ve civarında gerçekleşen çeşitli hadiselerle ilgili haber getirip götürüyorlardı. Medineliler yeni haberler alabilmek için kervanları merakla bekler, onların gelişlerini heyecanla karşılarlardı.

Günlerden bir gün, Mekke'den gelen kervanlar beraberlerinde, şimdiye kadar getirdiklerinden çok farklı ve önemli bir haber getirmişlerdi. Gelenlerin tümü, Mekke'de yeni bir peygamberin zuhur ettiğini anlatıyordu.

Bu peygamber, insanları bir olan Allah'a [c.c.] ibadet etmeye davet ediyor, şirk koşmaktan ve putlara tapmaktan kurtulmalarını öğütlüyordu.

İnsanlar, bu haberi büyük bir dikkatle dinliyorlardı. Ne olup biteceği konusunda merakları giderek artıyor, gerçekleşecek önemli bir hadisenin eşiğinde olduklarını hissediyorlardı.

Mekke'ye ziyarete gidenlerin bir kısmı İslam dinini hayat tarzı olarak kabul etmiş, böylece İslâm, Medine şehrinde yayılmaya başlamıştı.

Mekke'ye giden bazı Medineliler, Peygamber Efendimiz [sallallahu aleyhi vesellem] ile karşılaşmışlardı. Efendimizin [sallallahu aleyhi vesellem], İslâm'a daveti gönüllerinde yankı bulmuş, hakikî huzuru hissetmelerini sağlamıştı. Davete hemen icabet ederek Müslüman olma şerefine nail olmuşlardı. Yüce Allah, birçok Medinelinin gönlünü İslâm'a açmış, onları kendisine yöneltmiş ve Müslüman olmayı nasip etmişti.

Kalpleri iman nuru ile aydınlanan bu kişiler, Medine'ye döner dönmez kavimlerine coşku ile İslâm'ı anlatmaya başlamışlardı. Arkadaşlarını, eşlerini, çocuklarını, gökleri, yeri ve bütün mahlûkatı yoktan var eden, bir olan Allah'a [c.c.] ibadet etmeye; O'na şirk koşmayı ve putlara tapmayı terk etmeye çağıyorlardı.

Müslümanlar arasında o güne kadar benzeri pek görülmemiş bir yakınlık ve kaynaşma oluşmuştu. Bu iman bağı; din kardeşliği bağıydı.

Hz. Rümeysa [radıyallahu anhâ], Medine'de, Benî Neccar kabilesinden Müslüman olanların ilklerindendi. O, İslâm'ın insanlara kazandırdıklarını görmüş, Müslüman olurken eşine haber vermek için bile beklememişti. Hz. Rümeysa, eşi Medine dışında çıktığı seferden döndüğünde kendisinin Müslüman olduğunu söyledi. Karısının Müslüman olduğunu duyan Malik, sinirlenerek hiddetle,

- Ey Ümmü Süleym! Sen doğru bir iş yaptığını mı zannedersin? Kendi dininden, atalarının dininden vazgeçiyorsun demek, diyerek söylendi.

Hz. Rümeysa ona, imanın kendisine verdiği vakarla,

- Ey Mâlik! Ben o hak peygambere iman ettim. Şirki bırakıp, imana erdim. Batılı terk edip hakkı, hayrı ve yakîni kabul ettim, diye cevap verdi.

Malik kızarak,

- Sen neden söz ediyorsun? Hangi batıl, hangi hak? Hiç şüphe yok ki sen aklını kaçırmışsın, deyince Hz. Rümeysa sevgi dolu sesiyle, tebessüm ederek,

- Ey benim kocam Mâlik! Gel, haydi, sen de iman et. Ey sevgili eşim, Müslüman ol ki, hem dünyada hem de ahirette hayır üzerine olasın, dedi.

Bu sırada, babasının bağırışlarıyla uykusundan uyanan oğulları Enes yanlarına geldi. Şaşkınlıkla anne-babasının yüzüne bakıyordu.

Annesi Hz. Rümeysa [radıyallahu anhâ] oğlunu kucağına almıştı. Bir yandan başını okşarken, bir yandan da kulağına doğru eğilip teşvik eder bir üslupla şunları söyledi:

- Ey Enes! 'Eşhedü en La ilahe illallah, Eşhedü enne Muhammeden Resulullah' de [Ben şahitlik ederim ki Allah'tan başka ilah yoktur, Muhammed Allah'ın resulüdür].

Enes, annesi sözünü tamamlar tamamlamaz, onun söylediklerini derhâl tekrarladı. Oğlunun bu sözleri söylediğini işiten Malik'in öfkesi daha da kabarmıştı.

Oğlunu annesinin kucağından hışımla alıp,

- Oğlumu yoldan saptırma, diye bağırdı.

Hz. Rümeysa [radıyallahu anhâ] bu duruma dayanamayarak derhal Enes'i kocasının kucağından aldı. Oğlunu bağrına basıp başını okşayarak,

- Ey Malik! Ben çocuğumuzu saptırmıyorum. Bilakis küfür olan bir inanışı öğreterek; Allah'a değil de, ısrarla kendi taptığın putlarına tapmasını isteyerek onu doğru yoldan sen saptırıyorsun, diye karşılık verdi.

Eşinin bu sözlerine karşılık diyecek bir şey bulamayan Malik, tek kelime bile etmeden evden çıkıp gitti. Evden uzaklaşırken kendi kendine yemin etti:

- Ümmü Süleym aklını başına alıp, yeni dininden dönmedikçe ona geri dönmeyeceğim.

Hz. Rümeysa [radıyallahu anhâ] gözlerinden sel olup süzülen gözyaşlarıyla ellerini semaya doğru kaldırıp mahzun bir kalple,

- Ey Rabb'im! Benim kalbimi hayra ve imana ulaştırdığın gibi eşime de iman etmeyi nasip et, diye dua ediyordu.

O günden sonra uzun bir süre geçmiş ancak Malik evine dönmemişti.

Hz. Rümeysa [radıyallahu anhâ] eşinin böyle davranmasına bir anlam veremiyordu. Şaşırmış ve yıkılmıştı. Nereye gittiğini, nerede saklandığını bilmiyordu. Şam ve Yemen'den gelen her kafileyi karşılıyor, onlara kocasını soruyor, nereye gittiğini öğrenmeye çalışıyordu. Eşinin bir gün yuvasına dönmesini diliyordu. Her gün ona kavuşma umuduyla gözü yolda bekliyordu.

Malikle ilgili haberler kesilmiş ancak Hz. Rümeysa'nın umutları tükenmemişti. Allah'a gece gündüz dua ediyor, eşini hidayete erdirmesi için yalvarıp yakarıyordu. Bir gün mutlaka, ondan haber alacağına, eşinin kendisine ve biricik yavruları Enes'e geri döneceğine tüm kalbiyle inanıyordu.

Küçük Enes'in gözlerinden babasından ayrı oluşundan duyduğu hüznü okuyabiliyordu. Bu bakışlar Hz. Rümeysa'yı [radıyallahu anhâ] derinden sarsıyor, gözyaşlarına hâkim olamıyordu. Her akşam karanlık çöküp yalnızlığıyla baş başa kaldığında hüznü tazeleniyor, kalbine bir gariplik çöküyordu.

Kimileri kocasının Yemen'de görüldüğünü anlatıyor, kimileri Şam civarındaki beldelerden birinde yaşadığını söylüyordu. Kimileri ise, kabileleri ile aralarında husumet olduğu için sahrada derbeder bir yaşam süren bazı gençlerle birlikte olduğunu ileri sürüyordu. Aslında kocasının hayatta olup olmadığı hakkında bile hiç kimse kesin bir bilgiye sahip değildi.

Nihayet günlerden bir gün, acı gerçek Hz. Rümeysa'ya ulaştı: Şam beldesine giden Malik, orada yaşamını yitirmişti. Kocasının ölümü hakkındaki rivayetler de farklı farklıydı. Bazıları yolda öldüğünü söylüyor, bazıları da düşmanlarının onu takip ederek, uzak beldelerde savunmasız bir halde tek başınayken yakalayarak öldürdüklerini iddia ediyordu.

Rivayetler muhtelif olsa da kesin olan tek gerçek, Malik'in artık dönüşü olmayan ebedî yolculuğuna çıkmış olduğuydu.

Hz. Rümeysa [radıyallahu anhâ] henüz hayatının baharında, gencecik yaşta, dul ve yapayalnız kalmıştı. Oğlu Enes ise, daha on yaşına varmadan yetimliğin acısını tatmıştı.

Ancak Hz. Rümeysa karşılaştığı sıkıntılara, çaresizliğe yenik düşecek zayıf karakterli bir kadın değildi. Mahzunluğunu kendi içinde yaşıyor, her şeye rağmen imanının gücü ile hayata tutunuyordu.

Anne olmanın mesuliyetinin farkındaydı. Kendisini oğlu Enes'i yetiştirip terbiyesi ile meşgul olmaya adamıştı. Büyüyüp olgun bir genç oluncaya ve kendi ayakları üzerinde durabilecek olgunluğa erişinceye kadar oğlunun terbiyesi üzerinde ehemmiyetle durmaya kararlıydı.

Aile büyükleri ona, hem kendisinin hem de oğlunun daha iyi hayata erişmesi için evlenmesini öneriyorlardı. O ise, evlilik konusunun her dile getirilişinde ısrarla,

- Hayır, Enes akıl baliğ olup büyüklerin meclisinde yer tutana kadar evlenmem, diyerek gelen bütün teklifleri reddediyordu.

Yalnızlığa razı gelmişti. Oğlunu koruyup gözetiyor, eğitimiyle ilgileniyor, onu nazlatarak özenle büyütüyordu. O, oğlunun hem kol kanat geren annesi, hem de iyi bir insan olarak yetiştiren öğretmeniydi. Babasının yokluğunu hissettirmemek için elinden gelen çabayı gösteriyor, saçını süpürge ediyordu âdeta.

O günlerde, Mekke'de Müslümanların durumu iyi değildi. Müşriklerin Efendimize [sallallahu aleyhi vesellem] ve ashabına yönelik eziyetleri her geçen gün artıyor, giderek dayanılmaz bir hâl alıyordu. Özellikle, Müslümanlığı kabul eden kölelere sahipleri, zayıflara güçlüler şiddetli işkenceler ediyordu.

Bunun üzerine Yüce Allah [celle celâluhû], Müslümanların Medine şehrine hicret etmelerine izin vermişti.

Müslümanların bölük bölük hicretleri başladıktan bir süre sonra Peygamber Efendimiz de [sallallahu aleyhi vesellem] Medine'ye hicret etmişti. O güne kadar ismi Yesrib olan bu şehir, Efendimizin hicreti ile şereflendikten sonra Medine diye çağrılmaya başlanmıştı. Medine, yani 'Peygamber Şehri'…

Efendimiz'in [sallallahu aleyhi vesellem], gelişi ile daha da bereketlenen bu beldede insanlar arasında İslâm'a göre bir düzen kurmaya başlamıştı.

Efendimiz [sallallahu aleyhi vesellem] Medine'de, müşriklerin eziyetlerinden kaçarak, dinleri uğruna Medine'ye hicret eden 'Muhacirler' ile Efendimize yardım edip muhacir kardeşlerini misafir eden, mallarına, evlerine ortak eden 'Ensar' arasında bir kardeşlik bağı kurmuştu.

Medine şehrinin yerli halkı olan Ensar, tarihte eşi benzeri görülmemiş kardeşlik ve cömertlik örnekleri sergiliyordu. Bu davranışları imanlarındaki sadakati ve ahlâklarının güzelliğini ortaya koyuyordu. Ensar, Muhacir kardeşlerinin yaşadıkları acıları ve zorlukları paylaşma olgunluğunu gösteriyordu.

Efendimiz'in [sallallahu aleyhi vesellem] bereketiyle, Evs ve Hazrec kabileleri arasında uzun yıllardan beri süregelen gelen savaşlar sona ermiş, birbirlerine olan düşmanlık ve nefretleri yok olmuştu. Bu iki kabile böylece birbiriyle kardeş olmuş, kalplerinde birbirlerine karşı yalnızca sevgi duyan topluluklar haline gelmişlerdi. İslâm dini ile temizlenen, güzelleşen kalpleri, Allah sevgisi ile birbirine bağlanmıştı.

Efendimiz [sallallahu aleyhi vesellem], Medine'nin ileri gelen kabileleri arasında kardeşlik bağları kurmasının akabinde, o civarda yaşayan Yahudilerle de bir anlaşma yapılmasını sağlamıştı. 'Medine Anlaşması' olarak bilinen bu anlaşmaya göre Yahudiler, inançlarında ve ibadetlerinde serbest kalacakları gibi mallarını da istedikleri şekilde kullanabileceklerdi. Bunlara karşılık Yahudilerin, yerine getirmeleri gereken tek bir şart koşulmuştu: Dışarıdan gelebilecek her türlü tehlike ve düşmanlık karşısında Müslümanlarla birlikte Medine'nin savunulmasına katılacaklardı.

Efendimizin [sallallahu aleyhi vesellem] gelişiyle Medine, şimdiye kadar görülmemiş bir huzur ve güven ortamına kavuşmuştu. Efendimiz [sallallahu aleyhi vesellem], Medine'de ard arda pek çok düzenleme gerçekleştirmişti. Şehirde huzuru bozan pek çok kötü durumun ıslah edilmesini sağlamıştı. Peygamber şehrinde medeniyet seviyesi yükselmiş, huzur ve refah artarak devamlı hâle gelmişti.

Medine'de hayat daha önce hiç olmadığı kadar güzelleşmişti. Caddelere, sokaklara varana kadar her yer bambaşka bir anlayışla yeniden tanzim edilmişti. Müslümanların namaz kıldıkları, hem dinî hem de dünyevî işlerini hallettikleri, meselelerine çözüm buldukları ilk mescitleri de bu dönemde kurulmuştu.

Medine şehri, Peygamber Efendimizin [sallallahu aleyhi vesellem] teşrif ederek buraya yerleşmesiyle, altın çağını yaşamaya başlamıştı. Artık Medine'de yaşayan insanların en büyük arzusu, Efendimizden İslâm Dini'ni öğrenmek, onun ilminden nasiplenmek, edebi ve güzel ahlâkıyla ahlâklanmaktı.

Medine şehrinde Efendimizin gelişi ile yaşananlara en çok sevinen ve mutlu olanlardan biri de Hz. Rümeysa'ydı [radıyallahu anhâ]. Çünkü artık, içinde taşıdığı büyük arzusuna erişebilecekti.

Mekke'den Medine'ye hicretin gerçekleştiği dönemde Enes tam on yaşına gelmişti.

Bir gün, Hz. Rümeysa, oğlunu elinden tutarak doğruca Efendimizin [sallallahu aleyhi vesellem] huzuruna götürdü. Gönlünden taşan bir muhabbetle Enes'i Efendimize takdim edip,

- Ey Allah'ın Peygamberi! Elinden tutup size getirdiğim bu çocuk, benim evladım Enes'tir. Onu size, hizmetinizde bulunmak şerefine nail olması için getirdim. Böylece daima sizinle birlikte olabilir ve güzel ahlâkınızla ahlâklanır, diyerek dileğini iletti.

Efendimiz [sallallahu aleyhi vesellem], Hz. Rümeysa'nın bu talebini memnuniyetle gülümseyerek kabul etti. Küçük Enes'i elinden tutarak yanına oturttu. Artık Hz. Enes [radıyallahu anh], Peygamber Efendimizin ellerindeydi. Onun himayesinde büyüyecek, onun terbiyesiyle yetişecekti.

O günden sonra Hz. Enes [radıyallahu anh], Peygamber Efendimizden [sallallahu aleyhi vesellem] hiç ayrılmamış, sürekli onun emrinde ve hizmetinde bulunmuştur. Öyle ki, insanlar kendisine "Peygamberin Hizmetkârı" lakabını vermişlerdi. Hz. Enes, âlemlerin Efendisi'ne [sallallahu aleyhi vesellem] hizmet edebildiği için çok mutluydu. Böylece Peygamberimize yakın olma şerefine nail oluyordu. Etrafındaki insanlar, Efendimize bu denli yakın oluşundan dolayı Enes'e saygı duyuyor, hürmet gösteriyorlardı.

Hz. Rümeysa [radıyallahu anhâ], hem çok güzel bir ahlâka hem de herkesin takdir ettiği pek çok güzel vasıflara sahip bir hanımdı. Bu nedenle birçok kişi onunla evlenip saadet bulacakları bir yuva kurmak istiyor, kendisine evlenme tekliflerini iletiyorlardı. Bu kişiler evlenme tekliflerinde, ne kadar ısrarlı olurlarsa olsunlar, Hz. Rümeysa [radıyallahu anhâ] hepsini nazikçe geri çeviriyordu. O insanları, güzel ahlâklı ve iman sahibi olmalarıyla değerlendiriyordu.

Hz. Rümeysa, kendisiyle evlenmek isteyenler arasında Ebû Talha kadar ısrarcı olan hiç kimse ile karşılaşmamıştı. Her evlenme teklif ettiğinde, Hz. Rümeysa [radıyallahu anhâ], oğlu Enes'in terbiyesi ile meşgul olduğunu ileri sürüyor, onunla evlenmeyi kabul etmiyordu. Her defasında olumsuz yanıt alıyor, fakat Ebu Talha umudunu yitirmiyordu. Talebini başka bir zamana erteliyor, uygun bir fırsatı olduğunda nazikçe yineliyordu.

Aradan yıllar geçmiş, Enes [radıyallahu anh] yetişkin bir delikanlı olmuştu. O, artık Peygamber Efendimizin [sallallahu aleyhi vesellem] hizmetindeydi. Aradan geçen zamana karşın Ebû Talha, Hz. Rümeysa ile evlenme isteğinden vazgeçmiş değildi.

Hz. Rümeysa, hem ilk iman edenlerdendi hem de Efendimizin süt teyzesiydi. O, Efendimiz [sallallahu aleyhi

vesellem] nezdinde apayrı bir yeri olan hanım sahabelerden biriydi.

Öyle ki, Efendimiz zaman zaman Hz. Rümeysa'nın [radıyallahu anhâ] evine kadar gider, kendisini ziyaret ederdi. Hz. Rümeysa, Peygamber Efendimizin [sallallahu aleyhi vesellem] kendi evinde ziyaret ettiği nadir hanımefendilerden biriydi. Çünkü Hz. Rümeysa [radıyallahu anhâ] onun süt teyzelerinden biriydi. Aynı zamanda soy akrabalığı bulunan bir aileden geliyordu ve Hz. Ümmü Haram'ın da [radıyallahu anhâ] kız kardeşiydi.

Hz. Rümeysa [radıyallahu anhâ], çeşit çeşit yemek pişirmek hususundaki maharetiyle Efendimize [sallallahu aleyhi vesellem] çeşitli ikramlarda bulunur, onu elinden geldiğince iyi ağırlamaya gayret ederdi.

Bu ziyaretler Hz. Rümeysa'yı öyle çok mutlu ederdi ki, Efendimiz [sallallahu aleyhi vesellem] evinin bir köşesinde namaz kılarken onu muhabbetle izlerdi. Hz. Peygamber'in kendi evinde namaz kılışının getirdiği bereketi tüm kalbiyle hissederdi.

Efendimiz [sallallahu aleyhi vesellem] kendisine ilim öğretir, dualar ederdi. Efendimize hizmet edip onun duasını aldıkça, Hz. Rümeysa'nın hizmet etme şevki daha da artardı.

Ebû Talha, uzun yıllardır kurmakta olduğu hayalini gerçekleştirmek için tüm cesaretini toplayarak bir kez daha Hz. Rümeysa'nın yanına gitti. Yol boyunca evlenme talebini yinelemek için söyleyeceği kelimeleri aklından geçirip durmuştu.

Ancak Hz. Rümeysa'nın kapısına vardığında kafasında kurduğu bütün cümleler dağılıverdi, ne söyleyeceğini kestiremiyordu.

Derken içinden geldiği gibi konuşmaya başladı:

- Ey Ümmü Süleym! Ben, senin de bildiğin arzumu, bir kez daha sana sunmak için geldim. Seninle evlenmek istiyorum. Artık, talebimi reddetmek için bir nedenin olmadığını düşünüyorum. Ben uzun yıllardır seninle evlenebilmek için beklemekteyim.

Ebû Talha'nın sözlerini sükûnetle dinleyen Hz. Rümeysa [radıyallahu anhâ], ona üzülerek şöyle cevap verdi:

- Ey Ebû Talha! Senin de çok iyi bildiğin gerçek şu ki; ben Müslüman'ım, sen ise müşriksin. Hâl böyle iken seninle evlenmem mümkün değildir.

Ebû Talha başını öne eğmiş, sessizce duruyordu.

Hz. Rümeysa, ret cevabının gerekçelerini Ebû Talha'nın anlamasını sağlamak için şöyle devam etti:

- Ey Ebû Talha! Sen de biliyorsun ki, senin ibadet ettiğin şeyler ağaçlardan yapılır.

Yerden biten ağaçları Beni Neccâr kabilesinde falanca biri yontar, sen de bu puta ilâh diye taparsın.

Ebû Talha sessiz kalmayı sürdürürken Hz. Rümeysa, sonunda söylenecek başka söze yer bırakmayarak,

- Ey Ebû Talha! Sen hiç hayâ etmeden nasıl olur da ağaca taparsın? Putlara tapmaktan utanmaz mısın? Hâlbuki o tapındığın ağaçları ateşe atsan yanıp kül olurlar, dedi.

Ebû Talha diyecek tek bir kelime bile bulamıyordu. İşittiği hakikatler karşısında irkilmiş, hayretler içerisinde kalmıştı. Ne diyeceğini bilemiyordu. Hiç bir şey söyleyemeden usul usul oradan ayrılmaktan başka yapacak bir şeyi yoktu.

Hz. Rümeysa'nın [radıyallahu anhâ] söylediklerini düşünüp duruyordu. Bu sözler içinde yankılanıp duruyordu.

Yavaş yavaş batan güneşin ışıkları altında hurma ağaçlarının gölgeleri giderek uzuyordu. Çevreye sessizlik ve sükûnet hâkimdi. Kuşların cıvıltılarıyla yaprakla-

rın hışırtılarının birbirini tamamlayan nağmeleri işitiliyordu etrafta.

Ebû Talha derin derin nefes alıp veriyor, tir tir titriyordu. Sırtını bir hurma kütüğüne yaslayarak yere oturdu. Yerden aldığı bir kaç taşı avucunda evirip çevirmeye başladı. Takati tükenmiş, beti benzi solmuştu.

Bir süre sonra elindeki taşları sertçe fırlatıp attı; oturduğu yerden usul usul doğrularak kalktı. Dizlerinin dermanı kesilmişti sanki. Ayaklarını güçlükle hareket ettirebiliyordu. Oysa içindeki karışıklığın ve yaşadığı manevî buhranın dağılması için uzun uzun yürümek istiyordu.

Bir süre sonra tekrar Hz. Rümeysa'nın [radıyallahu anhâ] evine gitti. Ebû Talha'nın geldiğini gören Hz. Rümeysa, gelişindeki sırrı anlamıştı. Yüzünden tefekkürün ve iman etme arzusunun izleri okunabiliyordu. Hemen haber verip Enes'i çağırdı.

Ebû Talha derinlerinden gelen güzel bir ses tonuyla,

- Ey Ümmü Süleym! Sözlerin beni düşünmeye sevk etti. Düşününce kendi hâlimi daha iyi kavradım. Senin bana sunduğun İslâm dinini kabul ettim, dedi.

Hz. Rümeysa [radıyallahu anhâ], duyduklarından öyle mutlu olmuştu ki, sevinçle yüzü parıldıyordu. Heyecanla Ebû Talha'ya Kelime-i Şehadeti tekrarlatmaya başladı:

- Şehadet ederim ki Allah'tan başka ilâh yoktur ve Muhammed O'nun kulu ve Resûlü'dür.

Hissettiği mutlulukla gözleri ışıl ışıl olan Hz. Rümeysa, Ebû Talha'ya,

- Bu, nikâhımızın mihri olarak bana yeter, diyerek evlenme teklifini kabul ettiğini belirtti.

Hz. Rümeysa [radıyallahu anhâ] ile evlenmek Hz. Ebû Talha [radıyallahu anh] için yepyeni bir başlangıç olmuştu. Müslüman olmasıyla birlikte kalbi iman nuru ile aydınlanmış, hayatı tümüyle değişmişti. Artık diğer müminler gibi tüm ömrünü İslâm dininin yayılması ve savunmasına adamıştı. Bütün müminlerin iman aşkı ile katıldığı savaş ve gazalara o da katılıyordu. Hep birlikte, İslâm inanışını aşkla savunuyor, tevhit sancağını yüceltiyorlardı.

Hz. Rümeysa da Efendimizle [sallallahu aleyhi vesellem] beraber gazalara katılıyor, müminlerle cihat etmek için gayret gösteriyordu. Uhud Savaşı'na da katılarak bu zorlu savaşta susayanlara su dağıtmış, askerlerin yaralarını sarmıştı.

Hz. Rümeysa [radıyallahu anhâ], Ebû Talha'dan olan ilk çocuğuna hamile olmasına rağmen, Huneyn Savaşı'nın gerçekleşeceği gün beline hançerini bağlayıp Müslümanların yanına vardı. Eşi Hz. Ebû Talha [radıyallahu anh], bu durumu görünce onun için endişelenmeye başladı. Hanımını savaş alanından geri çekmek istedi.

Ancak Allah yolunda cihat etme aşkı ve cesaretiyle dolu olan Hz. Rümeysa buna yanaşmadı. Çaresiz kalan Ebu Talha, durumu Efendimize [sallallahu aleyhi vesellem] bildirdi:

- Yâ Resûlallah! Eşim Ümmü Süleym beline bir hançer bağlamış, savaş saflarına katılacak.

Efendimiz [sallallahu aleyhi vesellem], bu durumun aslını Hz. Rümeysa'ya sorduğunda, cesaret ve yüreklilikle şöyle cevap verdi:

- Yâ Resûlallah, ben bu hançeri, yaklaşan bir müşrik olursa karnına saplamak için yanımda taşıyorum.

Verdiği cevap Efendimizin [sallallahu aleyhi vesellem] öyle hoşuna gitti ki hançeri taşımasına müsaade etti. Hz. Rümeysa [radıyallahu anhâ], arzu ettiği gibi bu savaşta da yaralıları tedavi etti, susayanlara su dağıttı.

Savaş sona erip de Medine'ye dönüldüğünde, insanlar birbirlerine Hz. Rümeysa'nın cesaretini; birçok erkekten bile daha yürekli olduğunu anlatıyorlardı.

Bir gün, Efendimiz [sallallahu aleyhi vesellem] evine ziyarete geldiğinde, Hz. Rümeysa kendilerine yağ ve hurma ikram etti. Efendimiz [sallallahu aleyhi vesellem],

Hz. Rümeysa'nın ikramlarını, 'bunları yerine götürün, zira ben oruçluyum' diyerek nezaketle geri çevirdi. Ardından evin bir köşesine geçip namaz kıldı. Hz. Rümeysa'ya [radıyallahu anhâ] ve ailesine hayır dualarda bulundu.

Hz. Rümeysa, Efendimizin [radıyallahu anhâ] dokunduğu her şeyden bereket umardı. Onun [sallallahu aleyhi vesellem] dokunmayı lütfettiği eşyalara başka kimsenin dokunmasına gönlü razı olmazdı. Yine bir gün Efendimiz [sallallahu aleyhi vesellem] onun evindeyken deri tulumdan su içmişti. Daha sonra Hz. Rümeysa, Efendimizin mübarek ağzının değdiği yeri hatıra olarak saklamak için bu tulumun ağız kısmını keserek muhafaza etti.

Efendimiz [sallallahu aleyhi vesellem], evinde uyuduğunda Hz. Rümeysa rahatsız etmeden küçük bir şişede onun ter damlalarını toplardı. Bir gün Efendimiz uyandığında Hz. Rümeysa'nın yaptığını görünce hayretle sordu:

- Ne yapıyorsun ey Ümmü Süleym?

Hz. Rümeysa [radıyallahu anhâ] bir taraftan yaptığı işe devam ederken bir taraftan,

- Bunlar senin ter taneciklerindir Yâ Resûlallah! Onları şişelerdeki diğer kokularıma karıştırıyorum, diye cevap verdi.

Hz. Ebû Talha, eşinin Efendimiz'in [sallallahu aleyhi vesellem] hatıralarını ne kadar titizlikle sakladığını biliyordu. Bu nedenle Efendimiz'in dokunduğu şeyleri alıp sevgili eşine getirirdi.

Efendimiz [sallallahu aleyhi vesellem] Mina'da saçını kesmek istediğinde, Hz. Ebû Talha [radıyallahu anh] kesilen saçından bir tutam alabilmek için koşmuş, saçları alarak eşine götürmüştü. Çok mutlu olan Hz. Rümeysa, bu saçları ömür boyu büyük bir özenle muhafaza etti.

Hz. Ebu Talha ile Hz. Rümeysa [r.anhüma] çok mutluydu. Çünkü bir çocukları olacaktı. Nihayet vakti geldiğinde Hz. Rümeysa [radıyallahu anhâ] doğum yaptı. Çok güzel bir oğlan çocukları olmuştu. Bebeğin yüzünden temizlik ve saflık akıyordu. Yüzündeki ilahi güzellik, görenlerin kalplerini etkiliyordu.

Hz. Ebu Talha ile Hz. Rümeysa [r.anhüma] çok sevinmişlerdi. Mutlulukları anlatılamayacak kadar büyüktü. Bu çocuğun saflığının bereketiyle yuvalarının huzuru artmış, birbirlerine sevgi ve muhabbetle daha da kaynaşmışlardı.

Hz. Ebû Talha, oğlu Ebû Umeyr'i çok seviyor, sürekli onun istikbalini düşünüyordu.

Efendimiz [sallallahu aleyhi vesellem] de Ebû Umeyr'i çok seviyor, onu her gördüğünde şakalaşarak nazlatıyordu.

Yine bir gün Efendimiz, Hz. Rümeysa'nın [radıyallahu anhâ] evine gelmişti.

Ebu Umeyr'in suskun ve üzüntülü oturduğunu, önceki gelişlerinde evi neşe ile doldurduğu hâlde o gün durgunlaştığını görünce Hz. Rümeysa'ya,

- Ey Ümmü Süleym! Ebû Umeyr niye böyle durgun ve üzgün, diye sordu.

- Ey Allah'ın Resûlü! Çok severek oynadığı bir kuşu vardı. O öldüğü için üzülüyor, cevabını alınca Efendimiz [sallallahu aleyhi vesellem] Ebû Umeyr'in başını okşadı ve,

- Ey Ebû Umeyr! Nuğayr [küçük kuşun] ne yapıyor, diyerek şaka yaptı.

Hz. Rümeysa'nın [radıyallahu anhâ] imanı büyük olduğu gibi imtihanı da büyüktü. İlahi kaderin bir tecellisi neticesinde Ebû Umeyr bir hastalığa yakalandı. Küçük bedeni, hastalığın ağırlığına dayanamadı; ruhunu Mevla'ya teslim etti.

O esnada babası Hz. Ebû Talha [radıyallahu anh], evden uzakta bulunuyordu. Annesi onu güzelce yıkayıp kefenledi. Hz. Rümeysa [radıyallahu anhâ] acısı büyük olmasına rağmen metanet göstererek sabretti. Çevresindeki insanları Hz. Ebû Talha'ya bu acı haberi ulaştırmamaları için uyardı. Eşi evine döndüğünde kendisi söyleyecekti. Hz. Ebû Talha'nın da oğlunu ne kadar çok sevdiğini biliyordu.

Bu haberin başkası tarafından alelâcele verilmesi eşinin üzüntüsünü daha da artırabilirdi. Böyle bir durumu önlemek için kendisi uygun bir şekilde alıştırarak söyleyecekti.

Hz. Ebû Talha [radıyallahu anh] eve geldiğinde Hz. Rümeysa [radıyallahu anhâ] eşi için süslenmiş; onu güzel bir elbise giyerek karşılamıştı. Akşam yemeğini hazırlayıp getirdi. Her zaman olduğu gibi Ebû Talha, oğlunun nasıl olduğunu sorduğunda Hz. Rümeysa yemeğin kapağını açtı, tabağı yaklaştırarak,

- O, şu an sakince duruyor. Sen yemeğini ye, dedi.

Hz. Ebû Talha, oğlunun afiyette olduğunu zannediyordu.

Hz. Rümeysa, eşi yemeğini bitirince yatağı hazırladı. Onun gönlünü hoş tuttu, ardından uykuya daldı.

Ebu Talha, sabah uyandığında, işleri için evinden çıkmadan evvel oğluna seslendi. Onu gördükten sonra gidecekti. Bu esnada Hz. Rümeysa eşine bir soru yöneltti:

- Ey Ebû Talha! Bana söyler misin, birine emanet bir şey versen daha sonra geri istesen, sana iade etmesi gerekir mi?

Ebû Talha eşinin ne söylemeye çalıştığının farkına varmamıştı.

- İade etmesi gerekir tabi ki, diye cevapladı bu soruyu.

Bunun üzerine Hz. Rümeysa [radıyallahu anhâ] imanından aldığı güçle sabretmeye gayret ederek,

- Allah emanetini geri aldı... Ebû Umeyr'in ayrılığına sabret ve mükâfatını Allah'tan bekle, dedi.

Hz. Ebû Talha [radıyallahu anh] dehşetle gözlerini açarak eşine bakakaldı, üzüntüden gözleri yaşlarla dolmuştu.

Birdenbire aklına kötü şeyler gelmeye başladı. Çektiği ıstırap nedeniyle kendini toparlamakta zorlanıyordu. Yaşadıklarını düşününce öyle öfkelenmişti ki, yüzü kıpkırmızı kesildi.

Karmakarışık duygular içinde evden çıkıp Efendimizin [sallallahu aleyhi vesellem] yanına gitmek üzere yola koyuldu. Efendimize, Hz. Rümeysa'nın yaptığını şikâyet etmeyi düşünüyordu. Efendimiz onu, mütebessim bir hâlde karşılamıştı.

Eşinin söylediği sözleri ve yaptığı işleri anlattığında Efendimiz [sallallahu aleyhi vesellem],

- Geçirdiğiniz geceyi Allah size mübarek kılsın, dedi.

Bunun üzerine Ebû Talha sakinleşiverdi. Kalbi sükûnet bulmuştu. Efendimiz [sallallahu aleyhi vesellem] ayrıca, "Allah'ın onlara, kaybettiklerinin yerine mübarek ve temiz bir evlat vereceği" müjdesini verdi ona.

Hz. Ebu Talha [radıyallahu anh], evine huzur içinde döndü.

Ancak öfkesi dindikten sonra Hz. Rümeysa'nın [radıyallahu anhâ] gösterdiği olgunluğun farkına varabilmişti. Eşinin bu üzüntüye tek başına nasıl tahammül gösterdiğine hayret etti. Öyle ki, o gece tüm safiyetiyle kendisine hizmet etmiş, kötü bir şey olduğu hissine kapılacağı hiçbir şey yapmamıştı. Böyle büyük bir acıyı gizleyip hüznünü kalbine gömerek az bir süreliğine de olsa kocasına ıstırabını hissettirmemeye çalışan kaç kadın olabilir ki!

Henüz birkaç ay bile geçmemişti ki Hz. Rümeysa [radıyallahu anhâ] yeni bir bebeği olacağının farkına vardı. Sonunda güzel bir oğlan çocukları daha oldu. Bu bebek, Hz. Ebû Talha oğlu Abdullah'tı. Hz. Abdullah [radıyallahu anh] ileride, Kuran'ı baştan sona ezberleyen on hafızın babası olacaktı.

Hz. Rümeysa [radıyallahu anhâ] vefat ettiğinde Efendimiz [sallallahu aleyhi vesellem] onun cennetlik olduğunu şöyle müjdeledi:

- Ben, Ebû Talha'nın eşi olan Rümeysa ile beraber cennete girdiğimi gördüm.

Ümmü Haram
(Hala Sultan)

Soğuk bir kış gecesiydi. Islık çalarak esen sert rüzgârın etkisiyle ağaçların yaprakları hışırdıyor, uzun kuru otlar yere eğiliyorlardı. Yağmurun şiddetiyle birlikte damlaların düşerken çıkardığı sesler de giderek artıyordu. Damlalar, daha sert ve hızlı düşmeye başlamıştı artık. Yağmurun tatlı kokusu havada yayılıyor; soğuk rüzgârın getirdiği bahçelerdeki ağaçların kokularına karışıyordu.

Odanın ortasında bulunan ocak yakılmıştı. Soğuktan titreyen eller, ateşin üzerine uzanıyordu. Ocağın etrafında dizili koltuklara gençler ve çocuklar oturmuşlardı. Ortalarında kalın, yün bir abaya bürünmüş yaşlı bir adam vardı. Herkes çok üşüyordu.

Birden kapı çalındı. Tüm bakışlar kapıya yöneldi. Gelen orta yaşlı bir hanımdı. Çeşit çeşit yemeklerle donatılmış bir sofra getirmişti. Yavaşça yanlarına yaklaşınca oturanlar kendisine yer açtılar. Hanım, elindeki sofrayla ocağın başına geldi. Ocağı dikkatle kaldırıp odanın bir köşesine koydu.

Kızarmış etlerin güzel kokusu, soğuğun şiddetinden ağırlaşmış insanları canlandırdı. Sakin sakin oturanlar birden neşelenmişlerdi. Eller, sabırsızlıkla yemeklere uzandı. Derken güzel yemeklere tatlı sohbetler eşlik etmeye başladı. Sanki uzun bir uykudan aniden uyanmış gibiydiler.

Bu yaşlı adam Medine eşrafından Melhan'dı. Ailecek oturdukları sofrada hanımı Müleyke'nin hazırladığı akşam yemeğini afiyetle yiyorlardı. Çocuklarıyla birlikte sofranın etrafında çeşitli konulardan konuşuyorlardı. Sohbetler dallanıp budaklanarak uzayıp gidiyordu. Ta ki anne Müleyke mahzun ve endişeli bir halde,

- Şu an Rümeysa ne yapıyor acaba, diyene kadar.

Anne olmanın verdiği hassasiyetle gözyaşlarına hâkim olmakta zorlanıyordu. Ağlamaklı titrek sesi duyuldu yeniden,

- Rümeysa gidince yapayalnız kaldım, ayrılığına dayanamıyorum.

Kocası gülümseyerek,

- Neden bu kadar üzüyorsun kendini? Daha birkaç gün önce onunla beraber değil miydik, diye sordu.

Kadın ıstırabını gizlemeye çalışarak,

- Artık kocasının evinde yaşayacak. Tabii ki bu her genç kızın varacağı yerdir, dedi.

Adam bir müddet sustuktan sonra,

- Gün gelecek, diğer kızların da evlenecek. Sen her defasında böyle mi yapacaksın, dedi.

Kadın biraz dili dolaşarak,

- Ama bu evlendirip ayrıldığım ilk kızım, diyebildi.

Adam kollarıyla eşine sarılıp,

- Kıymetli eşim! Hayatın kanunu böyledir. Nasibinde varsa günü geldiğinde her genç kız evlenir, kendi ailesinden ayrılıp eşinin yanına gider. Sen de böyle yapmamış mıydın? Dünya döndükçe de her genç kız böyle yapacaktır, diyerek teselli etti.

Melha'nın karısı Müleyke, bu sözlerle biraz olsun rahatlamıştı. Kısa bir zaman önce büyük kızının evlenip kendisinden ayrılmasının verdiği üzüntü hafifler gibi oldu. Kızı, artık kocasının evinde yaşıyordu. Bu da kabullenmesi doğal bir durumdu.

Anne-babalarının arasında geçen sohbete kulak misafiri olan gençler, bu konuşmalar sona erince yeniden yemeğe yöneldiler. Müleyke, yemek bittikten sonra odadaki en büyük kızına seslendi:

- Ümmü Haram! Yemek sofrasını kaldırabilirsin. Ortalığı temizledikten sonra küçük kardeşlerinin yataklarını seriver.

Müleyke bir süre odasına gitti, geri döndüğünde uykudan gözleri kapanan küçükler yere serilmişlerdi. Çocuklarına bakarak,

- Çocuklar! Haydi yataklarınıza. Her seferinde sizi yataklarınıza taşıyacağımı mı zannediyorsunuz, dedi. Çocuklar ağır ağır kalkıp odalarına gittiler.

Herkes yatmış, baba sessiz odada yalnız kalmıştı. Gece olanca sakinliğiyle üzerine örtülüyordu. Derken hanımı Müleyke, odaya geldi ve eşinin yanına uzandı. Kocası, geldiğini fark etmemişti bile. Müleyke biraz sonra eşine daha fazla yaklaşarak,

- Sevgili eşim, sendeki bu hâlin sebebi nedir? Neden seni son zamanlarda hep böyle suskun görüyorum? Bir şey mi oldu, diye sordu.

Melhan göğsünde ağır bir yük taşıyordu sanki, karmakarışık düşünceler içinde,

- Mekke'den gelenlerin anlattığı garip bir olay zihnimi meşgul ediyor, diye yanıt verdi.

Müleyke hayretle sordu:

- Peki, seni böyle düşündüren hadise nedir?

Melhan, uzaklardan gelen bir haberci gibi heyecanlı ve telaşlı,

-Mekke'den gelenler orada ortaya çıkan yeni bir peygamberden bahsediyorlar, dedi. Bunun üzerine Müleyke,

- Sen Yahudi ve Hıristiyan bilginlerinin yakın zamanda geleceğini bildirdikleri peygamberden bahsediyor olmalısın, dedi.

Melhan başını sallayarak,

- Evet ondan bahsediyorum, dedikten sonra aniden kalktı:

- Müleyke! Sen onun kim olduğunu biliyor musun, diye sordu. Müleyke bakışlarını yere eğerek heyecanla,

- Nasıl tanımam onu? Abdülmuttalip oğlu Abdullah oğlu Muhammed'tir. Yetimdir. Annesi de yakınlarımızdan Vehb kızı Amine hatundur, dedi.

Derken bakışları uzaklara daldı.

- Onu en son gördüğümden bu yana çok zaman geçti, dedi ve ardından ekledi:

- Amine, oğlu Muhammed ile birlikte Medine'ye gelip bizi ziyaret etmişti. Ne yazık ki Mekke'ye dönerken yolda vefat etti. Sonra dedesi Abdülmuttalip, Muhammed'i himayesine aldı. Dedesinin vefatından sonra da amcası Ebu Talip himaye etti onu. O yıllarda Muhammed, uzun aralıklarla Medine'ye bizi ziyarete gelirdi.

Melhan dedi ki:

- Müleyke! Öyleyse o, hiçbir zaman kabileniz Beni Neccar'ı unutmamıştır. Onlar kendisini Mekke'de 'emin' lakabıyla çağırırlar. Allah'ın böyle birini peygamber olarak seçmesi garipsenecek bir durum değildir. Bütün Mekke'de, hatta Arap yarımadasında ahlâk ve edepte onun dengi olabilecek bir kimse yoktur. Bu olanlar beni şaşırtmıyor. Ancak benim üzülerek hayret ettiğim, kendi kavmi Kureyş'in ona ve davetine karşı gösterdikleri tutumdur. Kureyşliler, ondan ve davetinden yüz çevirerek savaş açmışlar. Destek olacakları yerde, ona iman edenlere de işkence etmişler. Böylelikle savaş açan ve işkence eden ilk kişiler onlar olmuşlar.

Müleyke sordu:

- Peki, sen ne yapmayı düşünüyorsun Melhan?

- Ben Mekke'ye gidip onun söylediklerini dinleyeceğim.

O gece her ikisinin de kalbini farklı bir hâl kaplamış, gözlerini uyku tutmamıştı.

Melhan, çok geçmeden karar verdiği gibi Mekke seyahatine çıktı. Hanımı onun dönüşünü sabırsızlıkla bekliyordu. Melhan, Mekke'den benzersiz bir heyecan ve sevinçle geri döndü. Neşeli halinden ne denli mutlu olduğu anlaşılabiliyordu. Sanki gençleşmiş, eski günlerindeki kuvvetine ve neşesine kavuşmuştu.

Müleyke kocasındaki bu değişikliği hemen fark etti. Son yılların getirdiği keder ve üzüntüden eser kalmamıştı. Şimdi yüzüne keder yerine neşe hâkim olmuştu.

Müleyke sevinçle kocasına,

- Melhan! Yüzünde daha önce benzerini görmediğim bir neşeyle dönmüşsün, dedi. Melhan gülümseyerek karşılık verdi,

- Müleyke! Allah beni İslam ile müşerref kıldı.

Müleyke,

- Muhammed [sallallahu aleyhi vesselem] ile karşılaştın mı? Bana her şeyi anlat haydi! Aranızda geçen her şeyi öğrenmek istiyorum, dedi.

Melhan'ın yüzündeki ışıltı sesine de yansımıştı,

- Sabırlı ol biraz, önce oturayım da başımdan geçen her şeyi anlatacağım, diyerek yerdeki minderin üzerine oturdu. Müleyke de hemen onun önüne oturuverdi. Gözlerini eşinin yüzüne dikmiş, merakla söyleyeceklerini bekliyordu.

Melhan, Evs ve Hazrec kabilesinden bazı Medineli arkadaşlarıyla birlikte Mekke'ye gidişini ve Hz. Peygamberle [sallallahu aleyhi vesellem] görüşmelerini hanımına anlatmaya başladı.

Efendimiz [sallallahu aleyhi vesellem] kendilerine İslâm'ı anlatmış, onlar da Allah'a iman ederek Müslüman olmuşlardı. Medine'ye, evlerine döner dönmez arkadaşları da Melhan gibi hemen ailelerine bu yeni dini; insanları hayra, iyiliğe ve güzel ahlâka davet eden İslâm'ı anlatmaya başlamışlardı.

Hz. Melhan [radıyallahu anh] anlatıyor, hanımı da onu heyecanla dinliyordu. Derken çocukları yanlarına geldiler. Babalarının anlattıklarını can kulağıyla dinledikten sonra İslâm'ı kabul ederek bu mutluluğa ortak oldular.

İslam güneşi, Medine'de hangi haneye girerse o ev halkının tamamı Müslüman oluyordu. Hz. Melhan ve ailesi Medine'de ilk Müslüman olanlardandı. Onların Allah aşkı ve İslâm'a bağlılıkları bambaşkaydı.

Tüm aile, müslüman olmalarıyla bereketlenen hayatlarını mutluluk içerisinde sürdürüyorlardı. Bir gün kuşluk vakti Hz. Müleyke [radıyallahu anhâ], evinin bahçesinde meyve topluyor, bir yandan da kızı Ümmü Haram'ı düşünüyordu. Derin bir nefes aldı, kendi kendine mırıldanmaya başladı:

- Artık büyüdün, genç kız oldun Ümmü Haram! Yarın bir gün muhakkak seni istemeye gelirler, sen de kardeşin Rümeysa gibi gelin olup gidersin. Belki de o gün gelip çatmıştır.

O esnada kocasının sesiyle irkildi. Hz. Melhan [radıyallahu anh] tebessüm ederek,

- Seni korkuttum mu yoksa? Düşünceye daldığını fark edemedim, dedi.

Hz. Müleyke [radıyallahu anhâ] kendini toparlayarak,

- Ne diyecektin Melhan, dedi.

Hz. Melhan,

- Bugün kızımızın nasibi olabilecek bir kişi geldi, bizden onu istiyor, dedi.

Şaşıp kalan Hz. Müleyke,

- Ne? Kimi istiyor, dedi.

Hz. Melhan,

- Kimi olacak? Kızın Ümmü Haram'ı, dedi. Ardından,

- Amr b. Kays, bugün gelecek ve kızını isteyecek, ne dersin, diye sordu.

Hz. Müleyke,

- Ben ne diyebilirim ki? Evlenecek olan o, sen de babasısın. Ne derseniz o olur, dedi.

Hz. Müleyke [radıyallahu anhâ] bu sözleri sevinç içinde söylüyordu.

Hz. Melhan yumuşak bir edayla,

- Böylesine hayırlı bir iş için senin onayını almadan evet dememiz mümkün mü hiç, dedi.

Hz. Müleyke sevinçle yerinden kalktı ve heyecanla,

- Ben hemen misafirler için hazırlık yapayım, dedi. Sonra bahçedeki kızına seslendi:

- Ümmü Haram! Gel, sana müjdeli bir haberim var.

Hz. Ümmü Haram hemen annesinin yanına geldi. Elinde meyvelerle dolu büyük bir sepet vardı. Annesi sepeti alıp kızının elinden tuttu. Birlikte evin çevresinde yürümeye başladılar.

Bu evlilik teklifi çok geçmeden olumlu neticelendi. Hz. Ümmü Haram ve Hz. Amr b. Kays [r.anhüm], aile ve dostlarının katıldığı güzel bir düğünle hayatlarını birleştirdiler. Mutlu bir evlilikleri vardı. Günler günleri, yıllar yılları kovalıyordu. Ümmü Haram'ın babasının bahçesinde oynadığı, çocuk olduğu günler bir hayli geride kalmıştı artık.

Cenab-ı Allah onlara iki erkek evlat bahşetmişti; Kays ve Abdullah. Kays, Abdullah'tan birkaç yaş büyüktü. Zamanla ikisi de büyüyüp birer delikanlı oldular.

Bu süreçte İslâm dini hızla yayılıyor, Müslüman olanların sayısı giderek artıyordu.

Mekkeli müşriklerin Müslümanlara duydukları kin artmış ve işkenceler de dayanılmaz bir hâl almaya başlamıştı. Müslümanlar, Habeşistan'a ve Yesrib'e hicret etmek zorunda kaldılar. Son olarak Hz.

Muhammed [sallallahu aleyhi vesellem], Hz. Ebubekir'le [radıyallahu anh] birlikte Yesrib'e hicret etti.

Hicretin gerçekleşmesinin ardından İslâm Devleti kuruldu. Hicrete kadar ismi 'Yesrib' olan şehir, artık Peygamber şehri anlamına gelen 'Medine' ismini aldı.

Hicretten sonra uzun yıllar Müslümanlarla müşrikler arasında büyük savaşlar yaşandı. Müslümanlar, Medine'ye hicret etmeye başladığında müşrikler buna engel olmaya çalışmışlar, ancak başaramamışlardı. Savaşların hemen hemen hepsinde Müslümanlar galip geliyordu.

Hz. Ümmü Haram'ın [radıyallahu anhâ] kocası Hz. Amr b. Kays [radıyallahu anh], Bedir Savaşı'na atlı birliklerde katılan sahabelerden biriydi.

Müşrikler bu savaşta ciddi bir yenilgiye uğramışlardı. Yaşadıkları büyük hezimetin ardından müşrik topluluğu perişan bir halde Mekke'ye geri dönmüştü. Ancak yenilgiden ders almayan müşrikler, Bedir'deki hezimetin ardından tekrar toparlandılar. Yeni bir savaş açarak Müslümanlara saldırmak için hazırlık yaptılar. Böylece kırılan gururlarının ve ölülerinin intikamını almak istiyorlardı.

Bir süre sonra müşrik ordusu Medine'ye geldi. Hz. Peygamber [sallallahu aleyhi vesellem] ve Müslümanlar onları Uhud Dağı eteğinde karşıladılar. Efendimiz okçuları, yan taraflarındaki tepeye yerleştirdi ve her ne sebeple olursa olsun bulundukları yeri terk etmemelerini emretti.

İki ordu karşı karşıya geldi. O gün müşriklerin kumandanı henüz Müslüman olmayan, savaş dehasıyla ünlü Halid b. Velid'di. Şiddetli bir savaş başladı. Müslümanlar, müşriklere büyük bir kuvvet ve cesaretle yüklenince müşrik ordusunda çözülmeler başladı.

Çok sayıda müşrik, Müslümanların atlarının altında can veriyor; müşrik saflarına giderek korku hâkim oluyordu. Sahabelerin kılıçları, kaçan müşriklerin boynunu birer birer vuruyordu. Onlar kaçıyor, Müslüman süvariler ise üzerlerine gidiyorlardı. Müslümanlar, etrafı kayalarla çevrili sahrada gözden kaybolana kadar Müşriklerin peşlerini bırakmadılar.

Tepede bulunan okçular, savaş alanında olan biteni izliyorlardı. Müslüman süvarilerin müşrikleri kovaladığını görünce zaferin kesinleştiğini ve savaşın sona erdiğini zannettiler.

Ganimetleri toplamaya başlayan kardeşlerine katılmak için tepeyi terk ettiler. Hâlbuki Hz. Peygamber [sallallahu aleyhi vesellem] onlara, 'ne olursa olsun tepeyi terk etmeyin' diye kesin emir vermişti.

Halid b. Velid, bir grup süvari ile birlikte okçuları gözetliyordu. Onlar yerlerini terk edip savaş alanına

inince, süvarileriyle birlikte tepenin arkasına geçerek Müslümanlara ani bir baskın düzenledi.

Müşrikler, Müslümanlara oklarını fırlatarak saldırmaya başladı. Tepeden hücum ediyorlardı, Müslümanlar ise düzlükte toplanmıştı. İki ordu tekrar birbirine girdi, savaş yeniden kızıştı. Birçok sahabe şehit edildi.

Bu savaşta şehit edilenler arasında Hz. Ümmü Haram'ın [radıyallahu anhâ] kocası Hz. Amr b. Kays ve oğlu Hz. Kays b. Amr da vardı.

Hem kocası hem oğlu şehit olmuşlardı.

Uhud'da çok sayıda yiğidini şehit veren Medine'yi derin bir hüzün kaplamıştı. Müslümanlar, kendilerine çok acı bir ders olan bu savaşın etkilerini uzun zaman üzerlerinden atamadılar. Acı, oğullarını kaybeden annelerin, dul kalan kadınların ve babalarını kaybeden yetimlerin yüreğindeydi.

Bu hüzün ateşi, savaşta kocasını ve oğlunu kaybeden Hz. Ümmü Haram'ı da [radıyallahu anhâ] içten içe yakıyordu.

Hz. Ümmü Haram [radıyallahu anhâ], Hz. Peygamber'in [sallallahu aleyhi vesellem] nazarında çok değerli bir hanımdı. Onun süt teyzelerinden biriydi ve soy akrabalığı bulunuyordu. Oğlu Enes'i Peygamberin hizmetine veren Hz.

Ümmü Süleym'in [radıyallahu anhâ] kız kardeşiydi. Hz. Peygamber, onun ihtiyaçlarıyla alâkadar olur; hâlini, hatırını sorardı. Kuba'ya gittiğinde uğrardı. Hz. Ümmü Haram da ona en güzel yemeklerinden ikram ederdi.

Bir müddet sonra Hz. Ümmü Haram [radıyallahu anhâ], sahabelerden Hz. Ubade b. Samit [radıyallahu anh] ile evlendi. Efendimiz, bu ikinci evliliğinden sonra da onu ziyaret etmeyi sürdürdü.

Hz. Ümmü Haram, Efendimizin [sallallahu aleyhi vesellem] geldiği günlerden birinde ona yemek ikram etti. Yemeği yedikten sonra biraz uyuması için sadece Efendimiz'e serdiği döşeği getirdi. Hz. Peygamber biraz uyudu. Hz. Ümmü Haram, yakınına oturup onu düşünmeye koyuldu. Hz. Peygamber'e hizmet etmenin mutluluğunu yaşıyordu. Mübarek bedeninin dokunduğu her şeyde bir bereket umuyordu. Hz. Peygamber'in evine gelişiyle ne kadar büyük lütfa mazhar olduğunu biliyordu.

Efendimiz [sallallahu aleyhi vesellem] bir müddet uyuduktan sonra uyandı, sevinçle gülümsüyordu. Hz. Ümmü Haram [radıyallahu anhâ] şaşkınlıkla sordu:

- Neden gülümsüyorsunuz ey Allah'ın Resûlü?

Hz. Peygamber [sallallahu aleyhi vesellem],

- Bana gelecek ümmetimden bazıları gösterildi. Onlar Allah yolunda savaşıyor, deniz yolculuğu yapıyorlardı, diye yanıt verdi.

Hz. Ümmü Haram hemen,

- Ey Allah'ın Resûlü! Allah'a dua edin, ben de onlardan olayım, dedi.

Bunun üzerine Hz. Peygamber, Allah'a dua etti. Derken tekrar uyudu. Fakat henüz yeni uyumuştu ki tekrar sevinçle gülümseyerek uyandı.

Hz. Ümmü Haram yine:

- Neden gülümsüyorsunuz ey Allah'ın Resûlü, diye sorunca Hz. Peygamber [sallallahu aleyhi vesellem] cevaben,

- Bana ümmetimden denizde şehit olacaklar gösterildi, dedi. Hz. Ümmü Haram [radıyallahu anhâ] heyecanla,

- Ey Allah'ın Resûlü! Allah'a dua edin, ben de onlardan olayım, dedi. Bunun üzerine Efendimiz [sallallahu aleyhi vesellem],

- Sen de onlardansın, buyurdu.

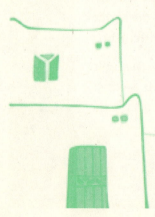

Bu müjde, Hz.Ümmü Haram'ın yüreğini öyle büyük bir sevinçle doldurdu ki o vaktin gelmesini iple çekmeye başladı.

Hz. Ümmü Haram'ın [radıyallahu anhâ] kocası Hz. Ubade b. Samit [radıyallahu anh], dürüst ve ihlâslı bir adamdı. Hanımına karşı da çok şefkatliydi. Hz. Ubade

b. Samit'in şefkati ve kendisine gösterdiği sevgi, Uhud Savaşı'nda kaybettiği oğlunun ve ilk eşinin acısını hafifletiyordu. Belki de Hz. Allah, Ümmü Haram'ın ömründeki en güzel günlerini ikinci eşiyle birlikte yaşamasını dilemişti.

Hz. Ubade [radıyallahu anh], ilk Müslümanlardan biriydi. O, aynı zamanda Ensar'ın ileri gelenlerindendi. Birinci ve ikinci Akabe biatlerinde bulunmuştu. Hz. Peygamber [sallallahu aleyhi vesellem], Medine'ye hicret ettiğinde Ubade'yi, Ebi Mersed el-Ğanevi ile kardeş ilan etmişti. Ubade, Bedir Savaşı da dâhil, Hz. Peygamberin bütün savaşlarına katılmıştı. Arap süvarilerinin en iyileri arasında adı geçen sayılı kahramanlardandı.

Hz. Ubade ve Hz. Ümmü Haram'ın [r.anhüm] ailesi, İslâm nuruyla huzur içinde yaşayan ailelerden yalnızca bir tanesiydi. Tüm Medine halkı, Hz. Peygamber'in [sallallahu aleyhi vesellem] varlığıyla tarihte 'saadet devri' diye nitelendirilecek benzersiz bir mutluluk içerisinde yaşıyorlardı. Kuran-ı Kerim'in nazil oluşu tamamlandıktan sonra, Efendimiz bekâ âlemine gideceklerinin işaretlerini vermeye başlamıştı. Ve tüm Müslümanları ardında gözleri yaşlı bırakarak, Hakk'ın davetine icabet etti.

Onun [sallallahu aleyhi vesellem] vefatı, tüm Müslümanları derinden sarsmıştı.

Hz.Ümmü Haram'ın [radıyallahu anhâ] büyük tesellisi ise, kocası Hz. Ubade'nin [radıyallahu anh] yanında oluşuydu.

Efendimizin [sallallahu aleyhi vesellem] ayrılışından sonra Medine eski güzel günlerine kavuşamadı bir daha. Hz. Ümmü Haram, Hz. Peygamber'in [sallallahu aleyhi vesellem] kendisini ziyaret ettiği, hâlini hatırını sorduğu zamanları çok özlüyordu. Hz. Peygamber'in vefatından sonra o anlarda duyduğu huzuru hissedemez olmuştu. Hz. Ümmü Haram [radıyallahu anhâ] için Medine'de hayat, çok zordu artık. Her şeye rağmen zaman hükmünü sürüyor, yıllar birbiri ardına ilerliyordu.

Bir akşam Hz. Ubade [radıyallahu anh], eve bir haberle geldi. Halife Hz. Ömer [radıyallahu anh], orada kadı ve muallim olarak görev yapması için onu Şam'a gidecek kafileye katılmaya çağırıyordu. Ubade'nin bu vazifeyi kabul edişi ve ufukta beliren Şam yolculuğu haberi Ümmü Haram'ı heyecanlandırmıştı.

Ancak Medine'den Şam'a seyahat etmek hiç kolay değildi. Haftalarca sürecek uzun ve meşakkatli bir yolculuktu bu. Develerle, etrafı kayalıkla çevrili, tehlikeli ve ıssız çöllerin aşılması gerekiyordu.

Buna rağmen Hz. Ümmü Haram [radıyallahu anhâ] bir süreliğine de olsa Medine'den uzaklaşmayı istiyordu. Çünkü Medine'deki her şey, Hz. Peygamber'den [sallallahu aleyhi vesellem] ayrılığın hüznünü hatırlatıyordu. O'nun yaşadığı şehri gördükçe, yokluğunun acısı daha derinden hissediliyordu. Uzayıp giden çöllere baktı. Ayrılık acısını âdeta çöllere gömmek istiyordu. Bu düşünceler, Medine'den uzaklaşma isteğini artırıyordu. Bu yolculuktan ümit ettiği öyle bir şey vardı ki, bir an evvel yola çıkmak için sabırsızlanıyordu: Hz. Peygamber'in [sallallahu aleyhi vesellem], evinde misafir olduğu bir gün verdiği şehadet müjdesi bu seferde gerçekleşebilirdi belki...

Gözleri uzaklara dalarak ufka bakakaldı. Sanki ağır ağır adımlarla ilerleyen develeri görür gibi oluyordu. Bir an evvel Şam'a ulaşmak için bu uzun çöl yollarına düşmek istiyordu. Hz. Ümmü Haram'ın [radıyallahu anhâ] hayali, güzel bir âleme uzanıyordu.

Bir süre sonra hazırlıklar tamamlandı ve kafile Şam'a doğru yola çıktı. Çölün zor şartlarında yol alıyorlardı. Kafile çölde epey mesafe kat ettiğinde develer yorgun düştüler. Bu uzun yolculukta yolcular gibi develerin de dinlenmeye ihtiyacı vardı.

Derken güneş batmaya başladı. Gökyüzü, güneşin batışıyla kırmızı bir renge bürünmüştü. Göz görebildiği kadar uzayıp giden çöl kumları da kırmızıya boyanmıştı âdeta.

O büyük çöldeki derin sessizlik, yalnızlık ve korku uyandırıyordu. Develer yumuşak kumların üzerinde bata çıka adım atıyor; yavaş yavaş ilerliyorlardı. Deveci durdu ve yüksek sesle,

- Bu gece burada konaklayacağız. Yarın da inşallah Hıms beldesine varırız, diye bağırdı.

Kafileden bir grup genç, hemen develeri çökerttiler ve üzerlerindeki yükleri yere indirdiler.

Hz. Ubade [radıyallahu anh], hanımı Ümmü Haram'ın [radıyallahu anhâ] devesinin yanına geldi. İnmesine yardımcı olacağı esnada iki kişi yardıma geldi. Devenin üzerindeki oturma yerinin kulplarından tutup yere indirdiler.

Gece, yavaş yavaş karanlığını indirmeye başladı. Karanlık, kafilenin ve çölün üzerini bir yorgan gibi örtüyordu. Karanlık koyulaştıkça etraftaki şekiller birbirine karışmaya, göz gözü görmemeye başladı.

Hz. Ümmü Haram [radıyallahu anhâ] develerden uzak bir yere kurulmuş olan küçük çadırına girdi. Develere yakın kurulan çadırlar ise diğer taraftaydı.

Kafilenin konakladığı yere karanlığı biraz olsun dağıtabilmek için büyük bir ateş yakıldı. Ateşten çıkan kıvılcımlar etrafa yayılıyordu. Birkaç kişi yemek hazırlıklarına başladı.

Pişirilen etin kokusu havaya yayılıyordu. Kokuyu alan bazı çöl hayvanları kafilenin yakınına kadar gelmiş, çakmak çakmak gözleriyle kafileyi izliyorlardı. Bu koku onları cezbediyordu. Ancak yakılan büyük ateş sayesinde yaklaşmaya cesaret edemiyorlardı.

Yolcular iştah kabartan yemeğe bir an evvel başlamak için etin tam olarak pişmesini bile beklemeden ateşin etrafında toplandılar. Yemekle birlikte güzel sohbetler, tatlı şakalaşmalar başladı. Ardından herkes dinlenmek için çadırlarına çekildi.

Sabahın ilk ışıklarıyla kafile, Şam'a doğru yol almaya koyuldu. Hava açıktı. Tek bir bulut dahi görünmeyen gökyüzü, sıcak bir günün habercisiydi âdeta. Kafilenin nağmecisi, develerin adımlarına eşlik eden güzel kasideler söylüyor, kafile ilerliyordu. Nağmeler develere yürümeleri için şevk veriyordu sanki. Bu kulağa hoş gelen ezgileri dinleyenler, kendilerine gelir rahatlardı. Develer de bu sese karşılık veriyor, neşeleniyor ve yolu keyifle adımlıyorlardı.

Kafile bir hayli yol almıştı... Nihayet ufukta beldeler fark edilmeye, şehrin dış mahalleri görülmeye başladı. İnsanlar develeri hızlandırıyor, bir an evvel şehre ulaşmaya gayret ediyorlardı.

Kafile, Hıms beldesine yaklaştığında, şehrin dışından geçen yola doğru yöneldiler. Bu yol, valilik ve kadılık binasının bulunduğu şehrin kuzey tarafına gidiyordu. Hz. Ubade b. Samit ve hanımı Ümmü Haram [r.anhüma] bu yol ayrımında kafileden ayrıldı.

Hz. Ubade [radıyallahu anh] kendisine verilen vazifeyi devraldı. Fakat Hz. Ubade ve hanımı, Hıms'ta uzun süre kalmadılar. Bir müddet sonra Ubade, kadılık yapmak için Filistin'e gitti.

Şam valiliğine Muaviye b. Ebi Süfyan [r.anhüma] getirilmişti. Gerçekleşen bazı hadiseler karşısında kendisini sorumlu hisseden Ubade [radıyallahu anh], Müslümanların kadısı sıfatı ile Hz. Muaviye'ye [radıyallahu anh] gitti. Ona hiç çekinmeden devletin malını israf ettiğini ve olgun davranmadığını söyledi. Bu durum ikisinin arasının bozulmasına neden oldu. Hz. Muaviye, Ubade b. Samit'e [radıyallahu anh] ağır sözler söyledi. Ubade de işlerini toparladı, eşyalarını aldı ve Medine'ye dönmeye karar verdi.

Halife Hz. Ömer [radıyallahu anh], Ubade'nin geri dönmesini hoş karşılamadı. Ancak Ubade'nin başından geçen olayı öğrendikten sonra tekrar Şam'a gitmesini istedi. Kendisini teşvik ederek,

- Ubade, vazifene geri dön... Allah, senin ve senin gibilerinin olmadığı bir beldeyi hayırdan mahrum eder, dedi.

Bu olayın ardından Hz. Ömer [radıyallahu anh], hemen Hz. Muaviye'ye bir kınama mektubu gönderdi. Mektubunda şöyle diyordu:

"Senin Ubade üzerine hiçbir emirliğin yoktur."

Kendisine verilen emir gereği Hz. Ubade [radıyallahu anh], tekrar Şam'a döndü. Ancak çok geçmeden Hz. Ömer'in [radıyallahu anh] şehadet haberi geldi. Bir mecusi olan Ebu Lü'lüe, onu şehit etmişti. Hz. Ömer'in sabah namazına gidişini beklemiş; namaz kılınırken safların arasıdan geçerek Hz. Ömer'in yanına kadar sızmıştı. Fırsatını bulunca da zehirli hançerle saldırarak şehit etmişti. İnsanlar derhâl katilin etrafını sarmış, fakat katil aynı hançeri kendisine saplayarak intihar etmişti.

Olayla ilgili gerçekleri bilen tek kişi olan katil de ölünce, ikinci halife Hz. Ömer'i hunharca şehit ettirenler bir sis perdesi arkasında esrarengiz bir sır olarak kaldı.

Hz. Ömer'in [radıyallahu anh] ardından Hz. Osman b. Affan [radıyallahu anh] halife seçildi. Vakit geçirmeden Hz. Ömer'in başlattığı Şam beldelerindeki fetihlere hız verdi. Fetihleri, Akdeniz'i geçip Kıbrıs'a yönlendirdi.

Müslüman ordusu Akdeniz'deydi artık. Ordunun kumandanı Muaviye b. Ebi Süfyan'dı [radıyallahu anhüma]. Hanımı Fahite binti Karza da kafiledeydi. Bu deniz seferine katılanlar arasında ileri gelen sahabeden Ebu Zerr el-Ğıfari, Ebu Derda, Ubade b. Samit ve hanımı Ümmü Haram binti Melhan da [radıyallahu anhüm] bulunmaktaydı.

Kıbrıs'ı fethetmek için yapılan bu çıkartma, Müslümanların ana beldelerinden kilometrelerce uzakta yapılıyordu ve denizde gerçekleştirilen ilk seferdi. Şam beldeleri ve civarındaki Müslümanların güvenliği için gerekli bir girişimdi.

Müslüman gemileri denizde ilerlemeye başladı. Denizin dalgalarını yararak ilerliyorlardı. Süvari birlikleri de gemilerde hazır bulunuyordu. Kıbrıs sahiline varıldığında süvariler kıyıya çıktılar.

Müslüman askerler, karaya çıktıktan sonra Rumları, İslâm'a davet ettiler. Fakat Rumlar reddettiler. Yapılan savaşı müslümanlar kazandı.

Ümmü Haram [radıyallahu anhâ] tüm kalbiyle şehit olmak için dua ediyordu. Kıbrıs'ın içlerine doğru gideceklerdi.

Erkekler, kadınlar için binekler hazırladılar. Hz. Ümmü Haram'ın [radıyallahu anhâ] sahile inebilmesi için kendisine bir binek getirildi.

Hz. Ümmü Haram [radıyallahu anhâ] Larnaka'ya doğru ilerleyen orduyla birlikte yol alıyordu. Birden atının ayakları birbirine dolaştı. Ümmü Haram [radıyallahu anhâ] yere düştü. Bu düşüş esnasında boynu kırılmıştı. Bu olay onun şehadetine vesile oldu.

Hz. Ümmü Haram [radıyallahu anhâ], bu uzak beldeye deniz yoluyla gelmiş ve burada şehit olmuştu. Böylece hayatı boyunca özlemle beklediği Hz. Peygamber'in [sallallahu aleyhi vesellem] müjdesi gerçekleşmiş; nihayet şehitlik makamına kavuşmuştu.

İslam Sancağı Kıbrıs'ta

O'nun Ellerinde Dalgalanıyor:

HALA SULTAN

Hz. Muhammed'in [sallallahu aleyhi vesellem] müjdesiyle şehitlik mertebesine erişen Hz. Ümmü Haram [radıyallahu anhâ], Türkler arasında "Hala Sultan" lakabıyla anılır. Mübarek kabri, Kıbrıs'ın Larnaka şehri yakınlarında bulunan Tuz Gölü'nün kıyısındadır. Kıbrıs Müslümanlar tarafından ilk kez Hicri 28 yılında fethedilmiş, Hz. Ümmü Haram, bu fethin simgesi olmuştur.

Efendimiz Hz. Muhammed'in [sallallahu aleyhi vesellem] halası Hz. Ümmü Haram [radıyallahu anhâ], Kıbrıs topraklarında İslâm'ın sancağını taşıyan bir bekçidir âdeta. Yüzyıllardır Müslüman denizcilerin Kıbrıs yakınlarından geçerken selama durdukları Hala Sultan'ın kabri, 1571 yılında Kıbrıs'ı fetheden Osmanlılar tarafından imar edilerek türbe, yanına bir de tekke ve cami yapılmıştır. Günümüzde Kıbrıs Rum Kesimi topraklarında kalan Hala Sultan Tekkesi'ne, tüm Müslüman ülkelerden ziyaretçiler gelmektedir.

S. Muhammed Saki Erol

AİLE SAADETİ

SEMERKAND